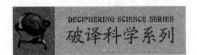

DECIPHERING SCIENCE SERIES
破译科学系列

U0589156

王志艳◎编著

世界千古之谜
大揭秘

科学是永无止境的
它是个永恒之谜
科学的真理源自不懈的探索与追求
只有努力找出真相，才能还原科学本身

延边大学出版社

图书在版编目（CIP）数据

世界千古之谜大揭秘 / 王志艳编著．—延吉：延边大学出版社，2012.6（2021.6 重印）

（破译科学系列）

ISBN 978-7-5634-4876-0

Ⅰ．①世… Ⅱ．①王… Ⅲ．①科学知识－青年读物 Ⅳ．① Z228.2

中国版本图书馆 CIP 数据核字（2012）第 115157 号

世界千古之谜大揭秘

编　　著：王志艳
责任编辑：李东哲
封面设计：映像视觉
出版发行：延边大学出版社
社　　址：吉林省延吉市公园路 977 号　邮编：133002
电　　话：0433-2732435 传真：0433-2732434
网　　址：http://www.ydcbs.com
印　　刷：永清县晔盛亚胶印有限公司
开　　本：16K　165×230 毫米
印　　张：12 印张
字　　数：200 千字
版　　次：2012 年 6 月第 1 版
印　　次：2021 年 6 月第 3 次印刷
书　　号：ISBN 978-7-5634-4876-0
定　　价：38.00 元

前言
Foreword

　　大千世界，无奇不有。世界的迷案层出不穷，挑动着人们的好奇心，吸引着人们不断地去探求究竟。青少年更是充满好奇心，富有求知欲望，不仅对历史积淀的文化知识和日新月异的科学技术具有浓厚的兴趣，而且对世界上许许多多的未解之谜充满了好奇心。

　　那幽灵般频频光顾地球的UFO和外星人到底有没有，自转岛为何会自己旋转，神秘的大象墓地究竟隐藏着多少谜题，5000年前的医疗技术真能支持印加人进行开颅手术吗，风情万种的玛丽莲·梦露神秘死亡的背后隐藏着什么玄机，尘封的历史中究竟掩盖了多少真相，耶路撒冷哭墙"流泪"揭未世先兆，澳洲圣母像显神迹流泪，玛雅文明怎么消失了，《圣经》中藏有什么秘密？巨石阵从何而来？

　　本书将悠久历史、外星文明、浩瀚宇宙、神奇自然、生物植物等诸方面最经典的未解谜团一一呈现。通过通俗流畅的语言、新颖独特的视角、科学审慎的态度，生动剖析了这些尚未破解的神秘现象产生的原理，揭示了谜题背后隐藏的真相与玄机。

　　希望本书的出版发行能激发青少年读者的兴趣与爱好，使其更加努力学习科学文化知识，掌握探求知识的本领，去探索未知领域的真相。

　　本书在编写过程中，参考了大量相关著述，在此谨致诚挚谢意。对书中存在的纰漏和不成熟之处，恳请各界人士予以批评指正，以便再版时修正。

目 录
CONTENTS

目录
CONTENTS

阿基米德用镜子打败了罗马军吗

"给我一个支点，我将撬动地球。"历史上有多少中外英雄曾经引用过这句话，来表达自己建功立业的雄心壮志。其实这句话本来是古希腊著名的数学家和物理学家阿基米德所说的，他在向叙拉古国的国王解释其杠杆原理时，说出了这一句著名的"狂言"。这所谓的狂言，阿基米德真的让它变成现实了吗？

阿基米德于公元前287年出生在希腊西西里岛的叙拉古，他的父亲是一位很渊博的天文学家、数学家。在父亲的影响下，阿基米德从小就热爱学习，善于思考，喜欢辩论。他到11岁的时候，漂洋过海来到埃及的亚历山大里亚城，向著名的欧几里德的学生柯农学习哲学、数学、天文学、物理学等方面的知识。他继承了欧几里德证明定理时的严谨性并在此基础上有所突破，他的才智和成就远远高于欧几里德。他的贡献主要是在物理学方面，被人誉为"力学之父"，另外他在工程技术方面也颇有建树，是一个理论与实践相结合的天才科学家。

据传，公元前213年，罗马的执政官马塞拉斯率领军队攻打叙拉古城。阿基米德在保卫叙拉古的战役中充分发挥了他的聪明才智，利用杠杆原理制造了一批在城头上使用的投石器。在罗马人入侵时，许多又大又重的石块以飞快的速度投向从陆上侵入的敌人。罗马人的小盾牌根本抵挡不住，被打得丧魂落魄，只得争相逃命。之后当他们一看到城墙上出现绳子或木架子之类的东西，就以为阿基米德再次开动机器了，惊叫着"阿基米德来了！"抱头跑得远远的。阿基米德还发明有一种巨大的起重机式的机械巨手，它们能够抓住罗马人的战船，把船吊在半空中摇来摇去，最后抛到海边的岩石上，罗马人惊恐万分，只好撤退到安全地带。阿基米德不仅用人力开动那些投石器，

△ 阿基米德雕像，描绘的是他在浴池中发现浮力定律时的兴奋状态

还利用风力和水力，将有关平衡和重心的知识、曲线的知识和远距离使用作用力的知识运用到了这场战争中，重创罗马入侵者。

最令人称奇的是，当罗马人的战船退到机械手够不着的地方时，阿基米德让全城妇女老幼手持镜子，排列成一个扇形，利用抛物镜面的聚光作用，把阳光聚集到罗马战船上，让它们自己燃烧起来。罗马的许多船只都被烧毁了，但是他们却找不到失火的原因。防不胜防的罗马军队被阿基米德的发明弄得焦头烂额，面对这种情况，无奈的罗马军统帅马塞拉斯也不得不自嘲：这是一场罗马舰队与阿基米德一个人的战争。

几个世纪以来，学者们对阿基米德利用太阳光摧毁罗马舰队的传说一直有所争议。不少学者怀疑这一传说的可靠性，他们认为当时的人不可能了解光学和镜子的知识。特别值得一提的是英格兰的两位教授对这个传说进行了仔细的研究，再次否定了这个传说的可靠性：因为根据光学原理，太阳光在天空中大约有一个0.5度的旋角，所以它的射线不是真正平行的，会产生发散，不可能用一个平面镜子有效地集中太阳射线。教授们经过计算后还提出一个推论，如果上千人每人握住一个面积为一平方米的磨光镜，他们同时聚光到一点，仅仅能点燃50米开外的面积为0.5平方米的木头。英格兰两位教授认为，用平面镜反射太阳光的效果是非常有限的，而且在那时的生产力条件下，镜子表面不可能达到完全的光滑，因而这个战术的杀伤力实在是很有限的。所以教授们得出结论，关于阿基米德的大多数传说都有可能是虚构的，是后人出于对这位先知的崇敬而编造出来的美好故事。但是也有一些学者认为，某些古代文明已经到了相当发达的程度，不能用现代的推断来否定古代的传说。

据史料记载，罗马人对叙拉古城久攻不下，在万般无奈的情况下，他们的舰队远远离开了叙拉古附近的海面，然后采取了围而不攻的办法，切断了城内和外界的联系。一年以后，由于内部有人通敌，这座城池才被攻破。进城后的马塞拉斯十分敬佩使他屡次败北的阿基米德，第一件事就是派人去请他，并下令不要伤害他。谁知这时的阿基米德还不知道城门已经被攻破，他正在沙滩上全神贯注地凝视着他的几何图形沉思。对于前来请他的士兵只说了一句："请你不要踩坏我的圆，"并要求允许他把原理证明完再走，鲁莽无知的士兵不耐烦了，竟举剑刺死了这位75岁的老科学家。

罗马统帅马塞拉斯对阿基米德的死十分痛心，他严惩了那个士兵，并为阿基米德修建了陵墓。按阿基米德的遗嘱，在墓碑上刻下了标明其体积为三比二的一个圆柱体和一个内切球。这位伟大的科学家把对科学的嗜好和探索，带到另一个世界去了。

阿基米德研究的大量文字材料，在城门被破后的混乱中散失大半，使人们无法理解他科学研究的真实情况。他在保卫叙拉古城中使用镜子烧毁战舰的方法是真的吗？如果是真的，他又是如何做到的？这个谜至今也没有解开。

英王威廉二世死于意外吗

　　自古宫廷多纷争，在权势和财富的驱使之下手足相残、杀母弑父之事可谓比比皆是。人称"红面庞"的威廉二世似乎也是因为此类原因而丧命于狩猎场的。

　　1100年8月的一个下午，英王威廉二世在新林骑马狩猎。新林占英国南部一大片土地，当时是皇家狩猎苑。威廉的弟弟亨利和一些随从同行，一行人分为几个狩猎小组，国王和他的亲信顾问蒂雷尔一组猎鹿。国王看见一只赤鹿跑过，立刻射了一箭，射中了赤鹿，但是它没有死。很长一段时间，威廉坐在马鞍上不动声色，他用手挡着夕阳的斜照光线，想看清楚那只受伤的赤鹿的行走路线。

　　就在此时蒂雷尔射了一箭，鹿没有射到，却射中国王，国王向前倒下去，那支箭在国王摔到地上的时候更深地插入他的胸膛，国王当时便没了气息。蒂雷尔急忙跑出树林向法国逃去，亨利则和其他人策马飞奔，赶到临近的收藏皇室财宝的曼彻斯特。亨利抢到财宝并确实予以掌握后，便马上赶回伦敦，加冕登基为亨利一世。此时，距威廉去世之日仅3天，众人从猎鹿的树林离开时，威廉二世仍然暴尸于荒野。

　　但是国王之死至今仍是疑点重重：威廉二世是死于意外，还是被他那充满野心的弟弟谋害了呢？或是如最近有人所说的威廉二世心甘情愿依照异教徒的可怕教规自杀身亡呢？大多数人当然相信传说中所出现的凶兆，这凶兆是威廉到新林行猎前夕所做的一个噩梦，他梦见自己躺在血泊中而被惊醒，惊醒时不断狂叫。此外，还有人说听见国王命令蒂雷尔杀死他，因为根据威廉信仰的"宗教"，他已经老而无用，作为一个权力逐渐衰落的国王，必须在仪式中引颈就戮。

威廉一世共有3个儿子，他在世时已给3个儿子分了家，留给长子罗伯特的是法国的诺曼底，给次子威廉的是英国，小儿子亨利则没有土地，只获得一笔财富。大哥与二哥经常争执不下，甚至兵戈相见，但是二人约定，罗伯特在1096年以诺曼底为抵押，向威廉借了他所需的钱。罗伯特在1100年夏季启程返国时，还娶了一个十分富有的女人。威廉决定，决不让哥哥还债把诺曼底赎回，他开始计划强夺诺曼底。新林猎鹿驾崩事件就是在作这种准备的时候发生的。

△ 英王威廉二世

同时，如果亨利真的企图篡夺英国王位，他一定已把形势看得非常清楚。出乎意料之外的新发展对他篡位的计划有所妨碍，所以亨利先下手为强，其后只需对付一个哥哥而不必再与两位兄长争雄。威廉驾崩，罗伯特又远在他乡，亨利就能篡夺他原本无权过问的王位。证明亨利要对猎鹿时发生"意外事故"负责的一个有力证据是：他从未试图抓蒂雷尔回来以弑君之罪论处，甚至没有没收蒂雷尔的土地以示惩罚。

可是，以亨利的本领和为人是否能组织这样一个谋朝篡位的大阴谋呢？事实上自惨祸发生后直到去世时，蒂雷尔都不承认他有弑君行为，蒂雷尔跟主谋勾结杀掉恩公和朋友，又会得到什么好处呢？

以上所述，亨利的嫌疑不能不说是最大，但他要策划这样一个缜密的阴谋却也不是件容易的事情。真凶何在，我们拭目以待。威廉二世的死因谜团也许会有新的说法。

耶稣复活之谜

耶稣被钉在十字架上，然而宗教信仰和历史学界对其是否真正死亡各持己见，至今这个问题仍是一个难解的谜团。

一个人把他钉在十字架上处死，然后有人把一柄长矛刺进他的胸膛以确定他是否死亡。他的尸体埋在一座坟墓里，据说是由经验丰富的百夫长守卫着。2天后，尸体却不翼而飞。更为神秘的是，那些了解这个人的人都说在他死后，还亲眼见过他并和他交谈过。开始，他们怀疑这只是一种梦境或幻觉，但在亲手触摸了他并和他一起进餐后，他们都相信这个人已经复活了！

众所周知，这个人就是拿撒勒的耶稣。他的复活不仅成了基督教的来源，而且成为迷惑历史学家近2000年的谜。

然而关于耶稣的生平经历史料中均有记载。

早在2世纪，罗马历史学家塔西陀就曾记载，耶稣是被罗马统治者朴瑟思·彼拉多判处死刑的。他还补充说，耶稣的死并未能阻止他的信徒们的"恶毒的迷信活动"。

在此之前，1世纪的历史学家约瑟夫斯记载，在彼拉多把耶稣钉死在十字架上后，耶稣"出现……复活，因为上帝的预言已经预示了这一切以及有关他的无数难解的谜"。

所有的复活故事，包括耶稣其他的奇迹都公然违背人类理性的信念。公元2世纪，哲学家赛尔瑟斯就把这种复活描述为耶稣门徒的一种幻想，"他们对耶稣之死是如此的撕心裂肺、痛心疾首，以至于他们诉诸于幻想的意志力，让死人复活"。

18、19世纪的理性主义取代了宗教的信仰，在大多数受教育的西方人中，赛尔瑟斯观点的各种版本已成为普遍的看法，在那些由自由主义者任教

的德国大学的著名神学系中尤其如此。

到了20世纪，即使是最虔诚的基督教徒，认为应当把耶稣的历史交由最具理性的历史学家来审视。大家之间似乎达成了一种协议：基督教徒关心的是自己的信仰，而历史学家更应

△ 巴西基督山耶稣雕像

关注历史的真实。对于前者来说，是真正的基督；对于后者，则是真正的耶稣，两者之间互无干系。

20世纪80年代和90年代，一种全新的自由主义的舆论逐渐取代了以前占统治地位的对于耶稣复活的观点。随着政治因素的逐渐减弱，神学家们感到可以自由把眼光放到耶稣的言论上而不仅仅是他的复活上，于是，他们便从对弥赛亚的盲目崇拜中解脱出来。神学家们认为，耶稣是可以以多种形象出现的：一个农民，一位圣人，一位法学博士，一位佛教徒，一位革命者，甚至是一个妙语连珠的搞笑高手。

1985年，许多持有这种观点的人聚在一起开了一场"耶稣研讨会"，在那里，成员们讨论和争论了《圣经》的戏剧性。

综上所述，在学术领域里，自由主义的观点舆论始终摇摆不定，任何人在这里都可以各抒己见。

而马丁·路德、罗伯特·弗兰克早已将世俗化的内容与基督教义牢牢地结合在一起，并把它钉在了教堂的大门上。一方面是宗教信仰的真实性；一方面是历史事实的真实性，我们要辨明耶稣复活之谜似乎已无很大的意义了。

彼得三世是被妻子杀死的吗

彼得三世是俄国罗曼诺夫王朝的第九代沙皇，他仅继承皇位半年，之后便被他的妻子叶卡捷琳娜夺去皇位，自己不久也神秘地丧身宫中。因此，很多人断言，彼得三世是死于妻子叶卡捷琳娜之手，是被妻子叶卡捷琳娜谋杀的。也有人对此持反对意见。一时间，彼得三世死亡原因，成了一个让人费解的谜团。

1742年，伊丽莎白女皇确立彼得为皇位继承人，但彼得却是一个才能平庸、头脑简单而又狂妄自大的人。平时他最爱穿的衣服是德国军服，因此他继任皇帝后做的第一件大事便是按照德国军服的样式改革俄国军服。他对自己的祖国简直毫无感情，甚至在公开场合大讲俄国是一个最令人讨厌的国家。彼得对管理国家没有兴趣，对各种儿童玩具却情有独钟，以致在执掌国家大权之后，每天仍要抽不少时间躲进密室，摆弄那些锡制玩具来取乐。

他的妻子、皇后叶卡捷琳娜原名索菲亚·奥古斯特，出生于德国一个贵族家庭。年幼时她便非常聪明，并受过良好的教育。

1745年8月，彼得大帝与叶卡捷琳娜结婚，但他们婚后的生活却很是不幸。经常寻花问柳的彼得总抛下妻子与别的女人鬼混，同时，伊丽莎白对异邦来的未来皇后很不放心，经常派人监视叶卡捷琳娜的一举一动，这一切使年轻的大帝夫人在心中埋下了仇恨的种子。她更加勤奋地读书和学习治国之道，更加殷勤地侍奉伊丽莎白女皇，同时不忘在政界和军队秘密扶植拉拢亲信。她曾在日记中这样写道："我迟早会达到目的，我一定要做俄国的女皇。"

1762年，伊丽莎白女皇驾崩，彼得继承皇位，称为彼得三世。女皇留给彼得的家业是一个烂摊子。原来自1725年彼得一世去世到1741年伊丽莎白上台，在短短十几年的时间内，俄国经历了5次宫廷政变，5位沙皇和女皇更替频繁，国内政局一直动荡不安，社会各界人心不稳。而对俄国毫无感情的彼得三世却经常以自己一时的好恶，随意修改俄国现行的制度和法令，他推行一系列损害贵族和教会利益的政策，从而招致上层人士的反对。

与此同时，国际上的七年俄德战争（1756——1763年）已经打了6年，彼得三世一上台便匆匆地和德国签订停战和约，使俄国许多到手的利益付之东流，这一切也令贵

△ 彼得三世画像

族十分不满。彼得三世甚至在德皇腓特烈二世的鼓动下，断然与往日的盟国西班牙和法国断绝了关系，从而又引起俄国军界和盟国的强烈不满。同时，人们也看到，在女皇的国葬日中，彼得三世简直无所事事，漫不经心，公开表示蔑视这些毫无意义的繁文缛节。而形成鲜明对照的是，叶卡捷琳娜却一直身着丧服，心情似乎非常沉痛，严格遵守教会的祈祷和斋戒制度。叶卡捷琳娜的温和宽大立即得到了众人的爱戴，而彼得三世的粗暴猥琐则受到宫廷内外的种种非议和鄙视。

1762年6月24日，彼得三世离开彼得堡到奥拉宁堡，准备在那里发动对丹麦的军事进攻，皇后叶卡捷琳娜在亲信奥尔洛夫兄弟的护送下，于7月8日夜晚乘一辆外表简陋的马车，悄悄赶到亲信伊兹梅洛夫近卫军团的驻地，在士兵们"女皇万岁"的一片呼声中，叶卡捷琳娜正式宣布，她将成为俄国新的统治者。接着，她用葡萄美酒和官爵鼓励士兵为她而战。在众人簇拥下，新女皇身着戎装，率领装备精良的4000近卫军团浩浩荡荡的开向首都圣彼得堡。

等到彼得三世闻讯从外地赶回来时，叶卡捷琳娜已经控制了首都的局势。新女皇毅然拒绝了彼得三世与她平分政权共掌天下的建议，本来此时只要号召外地军队联合起来反对皇后，彼得三世完全可以战胜妻子，但懦弱无能的彼得三世却宣布退位，并苦苦哀求女皇归还他的情人、猴子和小提琴，以让他度完残生。

7月18日，叶卡捷琳娜在枢密院内正式宣布就任俄国皇帝，史称叶卡捷琳娜二世女皇，这也是俄国历史上的第四位女皇。德国皇帝腓特烈二世当时这样形容说："彼得就像被打发上床睡觉的孩子一样，轻易地让人家把他赶下了皇位。"

就在叶卡捷琳娜宣布登基的同一天，宫中便传来了彼得三世暴死的消息。彼得三世在此时突然暴死，肯定与新女皇有重要而直接的关系。但他到底是怎么死的？这一直是俄国宫廷的一个秘密，也是俄国史上的一个谜。

有人曾做过这样几种猜想：第一种是，彼得三世被妻子用毒酒毒死，因为当时外国的档案资料证明，凡是跟他的遗体吻别的人不久后双唇都肿了起来；第二种是，彼得三世当时酒醉后在与人争斗中被人"失手"打死，这一说法见于《苏联百科全书》；第三种是，彼得三世连续几天借酒浇愁，结果因饮酒过度而死。

但猜测毕竟不是有科学根据的事实。所以，直到今天彼得三世的暴死，依然是一个未解之谜。

埃及艳后自杀之谜

埃及艳后克娄巴特拉历来被认为是美艳与狡诈的化身。好莱坞电影著名的美丽女星费雯丽、苏菲亚·罗兰和伊丽莎白·泰勒都曾诠释过这个角色。埃及人把她推崇为送子女神，而罗马人则指责她促使罗马最伟大的两位领袖垮台，而考古学家的最新发现则证明，这位女王并非只靠美貌治国安邦。

根据传说与史料记载，克娄巴特拉是一名才女，通晓数种语言。所以，与其说她以美貌诱惑罗马帝王与将军，不如说，她是凭着高人一等的才智确保了自己的生存地位。

△ 埃及艳后——克丽奥佩托拉七世

从当时埃及硬币上的塑像看来，她面容很有生气，嘴唇形状相当不错，眼睛大大的，还有一个很大的鹰钩鼻子。她死后100多年，希腊传记作家普鲁塔克写道："我们听说，她的美貌并非令人一望便立即迷上的那种无双娇艳。但她有一种难以抗拒的魅力……她的一言一笑、一举一动，都充满个人的特殊感染力，使所有与她交往的人莫不着迷。"所以，她的个性似乎比她的相貌具有更大的吸引力。克娄巴特拉绝非那种全无头脑、举止轻浮的人。她生性聪明，不仅能够说6种语言，精通历史和哲学，尤其重要的是她似乎生来就是野心勃勃、手段高明的统治者和谈判人才。克娄巴特拉可以被视为一个玩弄权术的高手，她以魅力为武器，争取权力和地位。恺撒和安东尼先后

△ 古埃及皇后壁画

成为她的情人。

公元前51年，18岁的克娄巴特拉和她的丈夫托雷米十三世共同继承王位时，埃及名义上虽是独立国，但实际是罗马的保护国。根据古埃及的习俗，国王与王后是兄妹，也是夫妻，但他们不久就成为对头，再不是互相扶持的配偶。公元前48年，恺撒领兵远征埃及，当时克娄巴特拉已大权在握，看来她诱惑恺撒，并非出于对恺撒的好感，而是要借势夺回权力。无论如何，她迷惑那位罗马英雄确有成效：恺撒替她制服对手，恢复了在罗马权力下的兄妹共同统治。

不久，托雷米就在战事中阵亡。克娄巴特拉生下一子，亚历山大港人民替她这个儿子取了一个绰号叫恺撒里安。此时她虽与13岁的弟弟托雷米十四世（第二任丈夫）共享统治权一段时间，但她是埃及唯一掌握实权的统治者。

恺撒死后，安东尼称雄罗马。当他巡视东方殖民地时，在小亚细亚的塔尔索司城，派人传达召见女王的命令。为了取得这位新贵的欢心，她刻意将自己装扮起来，显示出动人心魄的魅力。这位早在罗马时代已使安东尼垂涎欲滴的美人，很快便投入了他的怀抱。安东尼毅然放弃了他到东方的使命，乘坐女王的豪华游艇，一起回到了亚历山大城。从此，他俩如胶似漆，恩爱非凡，在埃及王宫厮混了漫长的5年。这期间，安东尼也曾回过一次罗马。因为此时屋大维的权力和威信日见增长，他违心地与政敌屋大维的姐姐成婚，以图自保。但不久找到借口回到东方，遗弃了他的妻子，与克娄巴特拉举行了婚礼。克娄巴特拉还为安东尼生下了一对孪生子。

这个时候克娄巴特拉则独据埃及王位（她的第二任丈夫已被"消灭"），埋首于增强埃及经济实力，并建立国防。

公元前37年，安东尼返回中东，打算在当地建立根据地和积聚势力。克娄巴特拉资助安东尼在波斯及其附近征战，而他则送她大片土地以为报答。

但此时克娄巴特拉开始交上厄运。屋大维散播谣言，使罗马人相信一个以亚历山大港为首都的敌对帝国，正要以武力威胁罗马。公元前31年，罗马元老院撤除了安东尼的政治职务，并对克娄巴特拉宣战。不久，安东尼与克娄巴特拉的联合舰队，在希腊西海岸附近亚克丁一役，为屋大维的舰队击溃。这对情侣逃到亚历山大港，但是气数已尽。安东尼用剑自杀，克娄巴特拉则任凭屋大维摆布。此后屋大维不久号称奥古斯都，是罗马绵长帝国中第一个皇帝。

我们有理由相信，克娄巴特拉会心甘情愿以她给恺撒和安东尼的条件与屋大维媾和。但公元前30年，屋大维追她到亚历山大港时，她已快40岁了。她不愿以战俘身份被押回罗马，于是自杀身亡了。

也有的人对此持反对意见，说她是被屋大维所杀，那么，她究竟是自杀还是他杀呢？相信有那么一天，历史学家会给我们一个满意的答案。

英王爱德华八世退位之谜

英国国王爱德华八世"不爱江山爱美人"的历史故事，已经在全世界传播了70年之久。现在看来，这个动人的故事有可能得重新写了。据英国《卫报》透露，第二次世界大战期间，美国总统罗斯福曾亲自下令秘密监视温莎公爵夫妇，以提防他们在美国时把机密泄露给德国纳粹分子。这是因为美国从情报中判断，温莎公爵夫人沃丽丝·辛普森曾与德国纳粹党的一名高级官员来往过密，并一直向他提供重要的政治和军事情报。

爱德华八世"不爱江山爱美人"的经典爱情故事原来的版本是这样的：1931年，爱德华王储在一次狩猎时结识了比他小两岁的美国女人辛普森夫人。这位女人结过两次婚，第二任丈夫是已经取得英国籍的美国人。辛普森夫人聪明美丽，穿着入时，使当时还是单身汉的爱德华王储觉得她具有强烈的吸引力，两人很快坠入了爱河。爱德华决定与辛普森夫人成婚。正当他准备向父王正式提出这一要求时，父王却重病缠身，随即驾崩。按照英国王室的继承规则，他继位当上了爱德华八世国王。

国王要与一位离过婚的女人结婚，而且她原来的丈夫仍然在世，这是英国国教教规绝对不能允许的。以坎特伯雷大主教为首的反对势力，当时占据了主导地位，英国公众也是一边倒，不能容忍国王娶辛普森夫人为妻。爱德华国王曾找当时的首相鲍德温寻求变通办法，但没能取得成功。在江山和美人两者只能择一的情况下，爱德华八世选择了后者。1936年12月10日，他在退位书上签字，并通过电台向民众宣读了告别书，正式从王位上退了下来。几个月后，爱德华与辛普森夫人在法国结婚，爱德华的头衔被确定为"温莎公爵"，辛普森夫人成了公爵夫人。

但据悉当时的美国政府认为，导致爱德华八世退位的真正原因不是辛普森夫人曾离异，而是因为她是纳粹德国的狂热支持者。当时正值二次大战前夕，英国、法国和美国结成了盟国，共同抵御德国法西斯向世界人民发动的挑战。如果英国国王娶了一位支持德国纳粹的女人为妻，无论是英国王室还是英国政府，都无法面对盟国及本国国民。于是，王室和政府共同向爱德华八世国王施加压力，在最

△ 爱德华八世与弗丽达·达德利·沃德相爱多年

关键的时刻，愤怒的鲍德温首相竟以内阁集体辞职要挟。而此时，深陷爱河的爱德华八世已经无法自拔，只好乖乖地摘下自己的王冠。

据说辛普森夫人和德国纳粹高级官员乔基姆·冯·里布特洛甫关系极为密切。里布特洛甫的身份非同寻常：1936至1938年，他担任纳粹德国驻英国大使；1938至1945年，他被希特勒任命为外交部长；二战结束之后，他被列入重要战犯名单，被纽伦堡国际军事法庭判处极刑。辛普森夫人和温莎公爵流亡到法国时，她仍然和已经高升为纳粹德国外交部长的里布特洛甫热线不断，向他提供反法西斯盟国和盟军的大量情报。

从温莎公爵夫妇1936年流亡法国，一直到1940年8月，公爵夫人持续不断地与里布特洛甫进行联系和通信。依仗着公爵夫人的身份、地位和广泛联系，她总能获取到英、法盟国的军事情报和官方活动的各种信息，然后提供给德国纳粹。在她最得意的时候，也就是英国觉得她最危及国家和盟军利益的时候，新任首相丘吉尔成功运作，让温莎公爵带着夫人到巴哈马岛国担任总督。巴哈马位于西印度群岛的最北部，当时是英国的一个殖民地。温莎公爵的赴任，终于使他们远离了欧洲战场。

△ 英王爱德华八世宣布退位

早在二战爆发前，美国FBI的情报显示：因为温莎公爵夫妇被怀疑是亲纳粹的，所以英国王室和政府遗弃了他们。主要依据是，1937年公爵夫妇访问德国时，曾受到希特勒和他的高级官员的盛情招待。

二战打响的第一年，FBI在给罗斯福总统提供的一份备忘录中，表述了他们对温莎公爵夫妇的担忧。备忘录中写道："可以确信，一个时期以来，英国政府已经知道公爵夫人与德国纳粹的密切来往。公爵夫人这样做，一个很重要的原因是她恨英国政府拒绝爱德华娶她为妻，并逼他放弃了王位。英国政府反复警告他们，要他们以英国人民的利益和感情为重，在和德国政府打交道时要十分谨慎。但是，公爵整天喝酒，精神恍惚，而公爵夫人压根儿就不理睬这些警告。"

备忘录记载了诸多事实，证明公爵夫人与里布特洛甫关系特殊。1940年5月，德国攻占了法国北部，公爵夫妇迁到南方的比阿里兹。他们刚刚在旅馆登记完几分钟，德国人就在电台里广播了他们入住的房间号码。这只能说明，公爵夫人事先早已把行程和时间等告诉了德国人。6月，他们到了西班牙，公爵夫人在那里与里布特洛甫的通信联系更方便了，因为那里是佛朗哥亲纳粹派当权。7月，他们又到了葡萄牙，公爵曾轻率地评论说，英国是抵挡不住强大的德国的，英国早晚得与德国媾和。他的这个评论更加助长了德国纳粹的嚣张气焰，里布特洛甫甚至策划要把公爵夫妇接到德国去住。1940年8月丘吉尔安排温莎公爵出任巴哈马总督，是为了使他们远离英国和欧洲，从而切断公爵夫人以任何形式继续与里布特洛甫联系，避免她继续干出对英国和盟国有害的事情。

1941年4月，公爵夫妇前往美国佛罗里达州的棕榈滩度假。他们的到来引起罗斯福总统的高度警惕。根据以往的情报，这位美国总统很担心他们是为德国搜集盟国秘密情报而来。于是，在公爵夫妇抵达的前一天，罗斯福总统给当时的联邦调查局局长胡佛下达了一个绝密命令：严密监视他们的一举一动，包括做的每一件事和接触的每一个人，而且绝对不能让公爵夫妇以及保护他们的美国秘密警察有丝毫察觉。

对于英国《卫报》的报道，温莎公爵的传记作者对此提出了抗议。此人称，他绝对不相信温莎公爵夫妇会做出如此损害国家利益的事情来。这位传记作者依然认为公爵是"不爱江山爱美人"的爱情至上主义者，而公爵夫人则是个不关心政治的人。

但不可否认的是，《卫报》公开的这些材料，可能会给英国王室和政府造成某种尴尬。仅凭过去广为人知的事实，温莎公爵已被王室视为一大耻辱。爱德华王储直到40岁时还是单身汉，他相不中父母为他选择的那些女孩子，自己邂逅的女人又都不是人们所期望的形象，一次是与一个分居的女人相好，另一次就是与两次离婚的辛普森夫人。后来，他为女人离开了王位，开了在位国王中途退位的先河，这显然是对神圣的王权是一种亵渎。尽管如此，人们以前总认为这是个生活上的问题，而不是政治问题。但是，《卫报》透露的情况属实的话，那么爱德华八世的历史就得重写了。他虽然早已不在人世，但仍然会背上"卖国贼"的罪名。

法国王冠钻石失窃之谜

1789年，法国爆发资产阶级革命，法王路易十六表面接受立宪政体，实则力图绞杀革命。1791年6月20日，路易十六偕同王室成员逃至法奥边境瓦伦，两天后被群众押回巴黎，历时1500多年的法国封建王朝从此崩溃。

几天后，法国制宪议会一位议员向公众提出了警告：内外敌人正在试图夺取王冠上的钻石。巴黎人民不会忘记法国王冠上有世界上最美丽的钻石与珠宝，每逢圣马丁复活节的星期二，在保安警察的监护下，巴黎人民就可在陈列柜前匆匆走过，观赏珍宝。

历代法国国王都为在王冠添上新的珠宝感到荣幸。这些稀世珍宝，历来都是保存在珍宝贮藏室里。自从路易十六执政以来，这些珍宝就交给忠诚可靠的克雷西看管。

在议员的警告下，制宪议会组成了由3位议员和2位专家参加的专门委员会，负责清点保存在法国王室的稀世珍宝。经过3个月的紧张工作，共清点出钻石9547颗，总值达3000万法郎。此后，每星期一人们都可以参观这些珍宝，负责看管的克雷西对此十分担心，怕给不法之徒们以可乘之机。可不知为什么，克雷西的职务很快被雷斯图代替，此人却是吉伦特派领袖罗兰的心腹。

1792年9月，路易十六因阴谋复辟而被废黜。此时，法国处在危机之中，外部面临欧洲联盟的入侵；国内山岳派与吉伦特派争斗激烈，到处是失业与饥荒、恐怖与暗杀。在这严峻的时刻，珍宝贮藏室贴上了封条，但令人惊奇的是，这么多奇珍异宝竟无人看守。

9月17日，内务大臣罗兰在国民议会突然宣布："珍宝贮藏室门被撬，钻石全部丢失！"

据称，自9月11日深夜至14日深夜，盗匪3次光顾珍宝贮藏室竟无人觉察。第一次行窃时，盗匪30多人打扮成国民自卫军，全副武装，气焰十分嚣张。15日早晨，巴黎街头出现了贱价的钻石，才引起人们注意。警察分局局长塞尔让只粗粗地到现场看了一下，并未作任何调查。16日，当盗匪第四次"光临"时，被国民自卫军巡逻队抓获。

盗窃案发生后，内务大臣罗兰指控他的政敌、国防大臣丹东及其朋友应该负责，丹东又反过来指责罗兰和其朋友应完全负责，各派

△ 法王路易十六

唇枪舌剑，指责对方。9月21日，刑事法庭审判了抓获的两名盗匪，并判处他们死刑，次日执行。但在囚车上，临死的囚犯向庭长供出了藏在他家厕所的一袋钻石，共有100多颗。

不久，作为珍宝贮藏室守卫长、警察分局局长之一的塞尔让收到了一封匿名信，指出在弗夫大街的阴沟里有一大堆珍宝。塞尔让前往取宝，并明目张胆地将一件美丽的玛瑙工艺品据为己有，他因此赢得了"塞尔让·玛瑙"的诨号。

不久，警察又逮住了一个叫勒图的家伙，此君供出了一个17岁的盗匪。这个年轻人的父亲得知儿子入狱时，大发雷霆，声称要揭发一桩耸人听闻的案子。十分奇怪的是，第二天早上，父亲被人毒死，儿子也死在监狱。这一连串的事情，让人心惊胆战。

在珍宝失盗的1792年9月，法国正处于内忧外患、形势危难之际。人们只知道拿破仑指挥瓦尔密战役的胜利，拯救了巴黎和法兰西民族，然而，瓦尔

密战役胜利的奥秘，过去、现在以至将来也永远不会被揭开。

历史学家们、军事指挥家们知道，当时敌人只遭到了轻微的损失，便立即撤退，这是毫无道理的。从战略上讲，敌方指挥官布伦斯维克也不应发布撤退命令，拿破仑当时也认为不可理解。这使人怀疑在战争背后是不是进行了某种交易。事实上，当双方军队打仗时，举行了某次秘密会议。会议决定法国得花一大笔钱，以换取敌方撤军。8月11日，法国特使就已答应支付给从杜伊勒利宫掠夺来的3000万法郎。贪得无厌的敌人说钱数不够。法国议员帕尼斯知道这笔交易后，就建议从珍宝贮藏室找差额部分。他的建议被采纳了。事后，一个男爵的回忆录也披露了此事："还需要搜集相当一笔钱来贿赂普鲁士大臣。珍宝贮藏室的钻石正可提供这笔钱！"9月17日，罗兰宣布珍宝贮藏室失盗。

一周后，双方举行了瓦尔密会议，于是出现了瓦尔密战役神秘的胜利。有人认为，国防大臣丹东秘密策划了9月11日夜间的入室盗窃，然后让普通的盗贼进行后几次偷盗，以便把事情搅混。

那么，丹东后面是否还有更强有力的对手呢？后来，另一起奇案揭开了真相。

1805年，一伙伪造钞票的人面临死刑的判决，其中有一个名叫巴巴的人公然宣称："如果我被判死刑，我将请皇帝（拿破仑）宽恕。没有我就没有拿破仑的皇位！"

法官和观众都吓得呆若木鸡，为巴巴的欺君之罪捏了一把汗。可他还继续说："我是珍宝贮藏室的盗匪之一，我帮助同伙把钻石和我熟悉的其他珍宝，埋藏在弗夫大街，这些珍宝的所有权已被出卖。根据给我特赦的诺言，我提供了埋藏珍宝的地点，那些钻石已从那里取出。先生们，法国雾月政变之后，当时的首席执政官（拿破仑）为了得到急需的资金，就把这些漂亮的钻石，典押给荷兰政府了。"

后来，巴巴没被处死，而是关在比塞特尔，受到了良好的待遇。那么，他的这番意味深长的话是真是假呢？恐怕这又是一个难解之谜。

古罗马军队神秘失踪之谜

一支在远征中失败而突围的部队，竟然神秘地消失了，这对于许多人来说，是天方夜谭般的神话。但出人意料的是，它却是有据可查的事实。公元前53年，古罗马"三巨头"之一的克拉苏率领军队远征安息（今伊朗），作战不利，在卡雷城打了败仗，克拉苏本人被杀。他儿子率领的第一军团6000余人拼死突出重围，但突围之后却消失得无影无踪，没有了消息。罗马人多次寻找也找不到他们的下落。他们去了哪里？两千年来留给人们一个难解之谜。

公元前60年，为了同罗马元老院贵族相抗衡，克拉苏与庞培、恺撒结成了著名的"前三头同盟"。他们很快掌握了罗马帝国的大权，成为事实上的统治者。

克拉苏是靠成功镇压斯巴达克起义在政治上走红的。其实其政治才能并不出众，军事指挥上也是平庸之辈，但他渴望通过发动对外战争掠夺财富，并获得与庞培和恺撒一样的荣誉。

公元前53年，克拉苏在没有进行充分准备的情况下，贸然发动对帕提亚人的战争。他率领7个军团的步兵、8000名骑兵渡过幼发拉底河，直扑塞列乌凯亚。

迎战克拉苏的帕提亚统帅是足智多谋的苏列那，他采取诱敌深入的方针，把克拉苏军队引入美索不达米亚西部无树无水、一望无际的沙漠地带。双方的战役在卡雷城附近展开。罗马军队一下子被干渴与饥饿所困扰，士兵怨声载道，军营里弥漫着厌战情绪。帕提亚人掌握到罗马军队的情况后，乘机发起进攻，打得罗马军队节节败退。罗马军队看事态不妙，为了保住性命，丢下伤兵，趁着黑夜逃到一座山岗上，帕提亚人追到山下，苏列那传话要与克拉苏谈判，当克拉苏带着随从刚刚进入苏列那的军营，就被事先埋伏好的帕提亚士兵一拥而上，砍倒在地。"克拉苏被杀死了！克拉苏被杀死了！"帕提亚人欢声雷动。罗马人由于失去主帅，乱作一团，四散逃命，被帕提亚人消灭了。苏列那割下克拉苏的人头，作为战利品呈送给帕提亚国王，罗马军队东征帕提亚的战争失败了。

罗马人共有2万多被杀，1万多被俘，包括主帅克拉苏都被砍死，但克拉苏的儿子普布利乌斯却带着第一军团6000余人拼死突围出去了。

公元前20年，古罗马帝国和安息签约言和。战争结束了，古罗马要求安息遣返33年前在卡雷战役中被俘的罗马士兵，并寻找普布利乌斯的下落。但是安息根本找不到普布利乌斯的下落，只知道卡雷战役以后，他曾率领残部突围。那么，突围后，他们到哪里去了呢？

时间到了1947年，一个叫德效谦的英国汉学家在《古代中国之骊轩城》一文中说，中国古代称罗马帝国为骊轩，后改称大秦。中国古代以外国国名命名的城市，当时只有新疆的库车和温宿，它们都是沿用移民的旧称。突然出现的骊轩城，自然会与外国移民有关。研究发现，骊轩城在中国出现是在公元前20年，正好是古罗马帝国向安息要求遣返战俘的时间。骊轩城的出现不是偶然的，可能说明卡雷战役中突围的罗马第一军团士兵行走千里，来到中国安居下来。

以此为线索，历史学家们查阅大量史书，从班固所著的《汉书·陈汤传》中找到了新的证据。这本书有这样的记录，公元前36年，即汉元帝建昭三年，北匈奴郅支单于攻占乌孙、大宛，威胁西域地区。汉武帝派都护甘延寿和都护副校尉陈汤出兵至康居，剿灭郅支单于。汉军在康居见到一支奇特的军队，他们居住在土城里面，土城的外面还有一层木城，作为保护的屏障，每个城门外都有百余名士兵把守，摆成鱼鳞形的阵势。西汉军队降服这支队伍后，将俘虏的士兵全部收编，成为西汉军。后来，西汉政府为了安置他们，特意在祁连山下设立骊轩县。

历史学家经过分析认为，这支奇特军队构筑的土城和木城，防御工事和用圆形盾牌连成鱼鳞形状的防御阵式，只有古罗马军队采用。因此，这支军队可能就是卡雷战役中突围而出的普布利乌斯领导的罗马第一军团的残余部

△ 骊轩古城

队。592年，由于当地骊轩人已与汉族人融合，隋文帝下令将骊轩县并入番禾县。这样，骊轩县在中国历史上共存在了612年。

澳大利亚专家哈里斯对此进行深入研究，推断这支善摆鱼鳞阵的奇特军队就是克拉苏东征部队的残部。当年他们从帕提亚的卡雷突围之后，辗转迁徙，曾突破安息东部防线，进入中亚，被郅支单于收编为雇佣军。在西汉与郅支之战中被陈汤收降，带回中国。哈里斯根据材料推断，骊轩城旧址就在甘肃省永昌县境内。

从1989年起，中国、澳大利亚和苏联的一些史学家对此进行了深入研究。他们寻找到一张公元前9年绘制的地图，根据地图指示，认定骊轩县就是现在的焦家庄乡者来寨。但有的人不同意戴维·哈里斯的推断。他们说，"重木城"和"鱼鳞阵"并非是完全属于罗马人的军事艺术。编木或夯土为城在中国古已有之，外城为郭，内城为城是中国古代通制。而中国古代使用"鱼鳞阵"比罗马更早，《左传》中就有记载，其正式名称叫"鱼丽阵"。

那么，从以上可以得知，骊轩古城遗址的发掘，并不能认为骊轩人就是古罗马那支消失的部队。但人们发现，在离骊轩古城5公里的杏花村、者来寨、焦家庄、河滩村等地生活着十几名鼻梁高挺、眼窝深陷、头发鬈曲，面貌酷似欧洲人的居民。这些面貌酷似欧洲人的居民的祖先是谁呢？看来，要想揭开更多的谜底，还要假以时日。

雄霸欧亚的蒙古铁骑之谜

一部伟大辉煌的元朝史，实际上也是一部壮烈的征战史。13世纪20年代到15世纪初，不可一世的蒙古铁骑进行了历时两个多世纪的东征西讨和南征北战，横扫东欧和亚洲陆地的绝大部分，建立了一个西起波斯湾、东至日本、南及越南、北抵北纬60度的庞大帝国。蒙古铁骑何以所向无敌？其克敌制胜的法宝是什么？

蒙古族起源于额尔古纳河一带，唐时称为"蒙兀室韦"，起初以狩猎为生，后来发展为游牧民族。12世纪时，在中国长城以北蒙古高原地区，西起阿尔泰山，东至大兴安岭，蒙古人的游牧部落到处都有。蒙古部落首领为"汗"，贵族称为"颜"。他们养有专职战斗的亲兵，称为"那可儿"。每个游牧单位称为"古列延"，意思是"圆形"。他们居住在毡帐里，逐水草迁徙，每到一地便将毡帐支起，位于中央的是首领的毡帐，众多毡帐围成圆形，称为"古列延"。各部落之间由于争夺水草、牧场时常发生战争。12世纪后期至13世纪初，成吉思汗经过约20年的战争统一了蒙古高原。

成吉思汗名铁木真，出生于蒙古部落袁族家庭。父亲是乞颜部首领，遭人暗算早逝。铁木真9岁丧父，随部落成员四处流浪，母亲带铁木真兄弟谋生，日子十分艰辛。但是生活逆境磨炼了铁木真的顽强意志和不屈性格，使他逐渐成为一位智勇双全、胸怀大志的蒙古青年。他有野心要做全蒙古的大汗，让整个大草原服从自己的指令。他开始收罗父亲旧部，与草原英雄勇士结交，组建自己的武装队伍，准备大展宏图，统一蒙古。他首先依附克烈部的王罕，与王罕联合将扎木合击败，接着又打败王罕独立，征服另一强敌乃蛮部，逐渐统一了蒙古各部。

1206年，蒙古各部贵族首脑云集斡难河（今鄂嫩河）召开大会，共同推举铁木真为全蒙古大汗。在大会上，30多岁的铁木真在欢呼声中荣登大汗宝座。巫师向他传达天意说："地上各部已经被你征服，土地归你所有，人畜归你所有，你乃诸王之王，普天之下，自东向西，上天皆以付我。"新生的蒙古帝国疆域东自兴安岭，西至阿尔泰山，南达阴山山脉，北连贝加尔湖。

成吉思汗统治全蒙古后，开始了大规模的侵略性远征。矛头首先对准了南边的近邻。1211年趁金国内乱之机率军南下，迫使30万金军投降，1215年率军洗劫金国的中都（今北京）。与此同时，眼光也投向西部。1218年，一支由450人组成的大型蒙古商队出使西亚，在花剌子模花剌子模（今里海东岸）边境遭到血洗，成为蒙古军西征的导火线。翌年秋，成吉思汗亲率20万大军进入中亚。花剌子模虽拥有40万军队和精良武器，但由于上层集团内部猜疑，将士离心离德，不能集中兵力与蒙古军决战，反而将兵力分散开来，分别驻守后方各城。蒙古军趁机各个击破，占领各城市。首都乌尔建赤坚守了半年多，城破后王子札阑丁退入阿富汗，后来在印度河畔为蒙古军所败。被攻占的各城居民除工匠掳往蒙古、妇女儿童沦为奴隶外，成年男子多遭屠杀。在屠城之后，蒙古军还掘开阿姆河堤坝，引水灌城。民众流离失所，苦不堪言。

灭了花剌子模之后，蒙古军继续西进至顿河流域草原地区，但为那里的保加尔人所挫，不久，蒙古军经里海北部草原退回蒙古。成吉思汗在1227年围攻西夏京城中兴府时战死，继位为大汗的窝阔台继续拓展蒙古的霸业，于1231年征服高丽，1234年灭金。此时，蒙古统治的疆域已扩展到黄河流域、朝鲜半岛、中亚和伊朗大部、西伯利亚南部和南高加索一带。

1235年，成吉思汗的孙子拔都率领蒙古军远征欧洲。大军侵入俄罗斯东北部，当时俄罗斯各公国正出现内讧，不能一致御敌。里亚赞、科罗姆纳、莫斯科、弗拉基米尔等城，相继被蒙古军摧毁。1242年，拔都又引兵攻掠亚德里亚海东岸以及塞尔维亚和保加利亚，然后折回伏尔加河下游，以萨莱为都，建钦察汗国（1240—1480），因其帐殿为金色，被称为金帐汗国。至13世纪50年代，中亚和伊朗东部、南部以及南高加索的阿塞拜疆、格鲁吉亚和亚美尼亚，已都为蒙古所降服，巴格达以及叙利亚一带亦为蒙古兵锋所及。

窝阔台死后,蒙哥即位。其胞弟蒙哥弟旭烈兀在1252年受命西征伊斯兰教国家。1258年大军占领巴格达,在巴格达城内劫掠7天,很多艺术珍品和华丽建筑惨遭破坏,城内居民被屠杀者达数十万。旭烈兀在伊朗、阿富汗、两河流域和中亚阿姆河西南地区建立伊儿汗国(1258—1388),然后继续西进,进一步图谋叙利亚和埃及。叙利亚当时分裂为几个封建小国,无力进行有效抵抗,1280年蒙古军攻陷阿勒顿和大马士革。蒙哥死后,其弟忽必烈自立为王,1267年改国号为"元"。忽必烈灭了南宋,同时两度(1274年、1281年)出兵日本,并征服缅甸(1287年)和爪哇(1292年),至此南洋各部落和部族全都臣服。

蒙古大军在对外征战的过程中何以所向披靡,它有什么克敌制胜的"法宝"?

有人说,是蒙古军机动灵活的战术发挥了强大威力。

中世纪的欧洲各国习惯于密集的方阵作战,军队队形极其严密,强调步兵、骑兵、弓箭手、投枪手诸兵种的协同配合。罗马帝国和马其顿帝国的军队,均以步兵方阵见长。这种步兵方阵通常由贵族和平民排成20排以上的密集队伍,士兵身着厚重的盔甲,手握长枪。方阵的后面则通常跟随着奴隶,承担后勤和护理工作,或者由标枪手不停地往对方投掷标枪。方阵的两翼则由骑兵保护,以确保方阵不受冲击。这种方阵战术具有强大的冲击力,但其弱也显而易见,那就是队伍转动不便,必须时刻注意保持队形的严整。

相形之下,东方军队作战时队形不严整,讲究军队的机动性和战术的灵活性。骑兵战术的运用也存在很大差别。骑兵很少有重装甲,既能用马刀、长枪,也可以使用弓箭。主要任务是增强军队的机动能力和正面抗击力,其优势是可以在很大范围内作战。而西方的骑兵部队发展为威力强大的重装甲骑兵,士兵身着锁子甲,可以有效抵挡刀枪和弓箭的杀伤,使用长枪和长剑,杀伤力较大。但与东方不同的是,骑兵战术的使用仍和古罗马时代的步兵方阵相同,讲究队形、正面的杀伤力和防护力,几乎没有太多的战术机动能力,作战范围也囿于很小的区域。

在西征过程中，蒙古军充分发挥了东方战术的特点。成吉思汗统一蒙古各部落后，立即开始对中国北方的各王朝展开了大规模攻击。一开始，蒙古军完全依赖骑兵的机动性和攻击力，没有步兵攻坚力量的协同，后来从辽、金、西夏的军队学到了步兵攻坚的本领，改变了以往单纯依赖骑兵的战术，并且学会了运用汉族的发明——火药和抛石武器。在战术运用上，蒙古人特别强调的就是部队的机动性，可以说最拿手的就是远距离的包抄迂回、分进合击。在战斗中，他们很少依赖单纯的正面冲击，通常使用的方法是一小部分骑兵不停地骚扰敌军，受到反击后则立即后撤；待追击的敌军队形散乱疲惫时，早已四面包抄的骑兵则在一阵密集的弓箭射击后蜂拥而至。事实上，蒙古军的骑兵在任何时候都无法一对一地战胜欧洲的重装甲骑兵。欧洲重装甲骑兵的长矛和重剑杀伤力远大于蒙古骑兵手中的马刀、长矛或狼牙棒，他们的坐骑也远比蒙古马高大。但蒙古骑兵的战略战术是欧洲骑兵远远不及的。欧洲军队的战斗，即便投入很多兵力时，也往往局限于在小范围的战场内展开，且盛行骑士之风，崇尚正面一对一的对决，因而不能适应惯于迂回穿插、纵横驰骋的蒙古军作战方式。

有人强调，机动灵活的战术也离不开蒙古人特殊的装备。

首先是蒙古马。若以现代眼光观之，蒙古马算不上良马，它身材矮小，跑速慢，越障碍能力也远不及欧洲的高头大马，但蒙古马是世界上忍耐力和适应能力最强的马。它可以长距离不停地奔跑，无论严寒酷暑都可以在野外生存，对环境和食物的要求也很低，无论是在亚洲的高寒荒漠还是在欧洲平原，它都可以随时找到食物。它还可以随时胜任骑乘和拉车载重的工作，此外也是食物来源的一种。蒙古骑兵使用大量的母马，可以提供马奶，这也减少了蒙古军对后勤的要求。而且，蒙古骑兵通常备有不止一匹战马。蒙古马的特殊优势使得蒙古军具有当时任何军队都难以比拟的速度和机动能力。

如前所述，蒙古军还擅长使用从中原地区学到的发石车、火箭、火炮、飞火枪乃至毒箭等新式武器。在冷兵器时代，火药和火箭类武器有着惊人的威力，尤其具有巨大的心理震慑力。蒙古军西征欧洲期间，很多时候火药类武器尚未造成城墙被完全破坏，守军就因丧失战斗意志而弃城逃亡。而蒙古军每攻占一个城市，则俘虏其工匠为己所用，其他人则毫不留情，一概屠杀。

蒙古骑兵的个人装备也独具特色。蒙古骑兵从未像欧洲那样对兵种的武器进行严格区分，也不像欧洲军队那样使用笨重的武器。通常情况下，他们随身携带各种武器，如弓箭、马刀、长矛、狼牙棒等，以便随时完成不同的任务。此外蒙古骑兵还常常根据个人爱好装备其他武器，如套马的绳套和网马的网套，这在正规的欧洲军看来简直不可思议。弓箭是蒙古骑兵最重要的杀伤武器，值得强调的是，他们的弓箭较长较大，射程远，需要近80千克的力量才能拉开。蒙古骑兵的铠甲多为皮革制成，轻便坚韧，虽然不及欧洲重装甲骑兵身上的锁子甲坚固，但由于重量轻，因而对骑兵体能的消耗少，也不会像铁制铠甲那样在严寒酷暑时节成为难以忍受的酷刑。

为了适应征战的需要，蒙古人还建立了相应的社会组织。各部落的领导既是生活生产的管理组织者，又是军事行动的管理组织者。对外发动战争时，全民不分男女老幼都可以参加作战行动。"上马则备战斗，下马则屯聚牧养"，出征时"只是骑马随行，不用运饷草"。如对花剌子模国的长期围困，就是全民参与，在城下放牧生活，维持军队持续不断的攻击力，直到城市被攻克。由于与中原地区和欧洲相比，蒙古人在文化和物质上都处于相对落后的地位，因此，大规模的攻占掠夺成为其激励士气、保持旺盛战斗力的原因和动力。在对外征战的过程中，蒙古士兵可以为所欲为的掠夺，可以任意杀戮被征服者，是名副其实的勇猛无畏的野蛮斗士。肆意的掠夺，则部分解决了蒙古军队的后勤供应问题。

由成吉思汗创立、中间经忽必烈和帖木儿进一步加以扩张的蒙古大帝国，其辉煌时期的疆域西起波斯湾、东至日本、南及越南、北抵北纬60度，并对其中很大一部分地区统治长达1~25个世纪，在历史上实属罕见。长期的征伐，毁灭了欧亚大陆许多灿烂的文明，但客观上也推动了东西方经济文化的交流。

拿破仑在滑铁卢惨败另有原因吗

拿破仑能够创造神话，其本身即是一个神话。1815年3月20晚上9点钟，令人难以置信的是，"大势已去"的拿破仑居然不费一枪一弹，在短短19天之内从地中海到巴黎，赶走了波旁王朝，再度称帝。

但拿破仑比谁都更清楚地知道，他马上就要面临着一场严酷的战争，欧洲对他这一次的突然出现一定会想尽一切办法进行打击。

6月14日，拿破仑入侵比利时战争开始。

△ 拿破仑画像

6月17日傍晚，拿破仑带领军队向高地进发，与英军相遇。

6月18日清晨，拿破仑与威灵顿开始战斗，当时拿破仑大约有7.2万名士兵，威灵顿有7万。拿破仑和威灵顿都在等待援军的到来，前者等的是元帅格鲁布，后者等待的则是布吕歇尔。

法军继续对英国军队左翼的进攻。一个半小时后，拿破仑看见圣兰别尔东北方有军队向这边赶来，他认为这一定是格鲁布，但遗憾的是，来的军队是布吕歇尔而不是格鲁布。布吕歇尔从格鲁布的追击下逃脱并且绕过法国元帅的视线赶到了这里。拿破仑并没有因此而想到撤退，他认为格鲁布应该会很快到达。

△ 滑铁卢战役

很多的法国骑兵死在了战场上，但剩余的士兵们毫不因此畏惧。

黄昏时，拿破仑相信格鲁布马上就能赶到，所以他仍旧带领着近卫军向前猛攻。但很快大批英国骑兵冲向了法国近卫军，近卫军伤亡惨重。这个时候，拿破仑仍在等，格鲁布仍没来！

排成了方阵的近卫军一面抵抗着英军的进攻，一面保卫着拿破仑慢慢撤退。离开了滑铁卢，拿破仑得知几十万英军主力已准备向法国进攻，而几十万俄军也咄咄逼人，即将到来。这些让拿破仑彻底绝望了。格鲁布迟迟未到毁灭了法国军队。

滑铁卢惨败，使拿破仑对未来充满了绝望。然而事实真如人们所言：拿破仑的惨败完全在于格鲁布元帅的迟到吗，如果格鲁布元帅没有迟到而是准时到达救援地点那是否又意味着拿破仑会一如既往地雄霸欧洲呢？

我们只有到不可重演的历史中去找寻答案。

暗杀斯大林之谜

美国《生活》杂志20世纪40年代末发表过一篇文章，称斯大林是20世纪上半世纪世界上受到保护最佳的三人之一，此话不算夸张，下面请看实例。斯大林一次去别墅时，他的车险些被炸，幸亏事先听从了贝利亚的劝告，中途换了车，才免去了桥断车毁的危险。还有一次坐游艇时，因为事先没有通知岗哨，哨兵开枪示警，贝利亚"奋不顾身"用自己的身体掩护了斯大林。这两件事让贝利亚捞了政治资本，所以，有人怀疑这是野心家贝利亚为了讨好斯大林而故意安排的情节。

△ 斯大林

斯大林的确有过几次险情，不过都被苏联反间谍机关化险为夷了。

1938年，哈桑湖畔发生大规模军事冲突期间，日本特工机关把部分白匪军编成敢死队，准备让他们潜到斯大林洗温泉澡的马采斯塔疗养院。苏联特工机关得到情报后，在敢死队越境时把他们一网打尽。日本特工机关又于1939年策划了新的暗杀行动——在"五·一"游行观礼时，利用放在列宁墓的定时炸弹炸死斯大林。苏联特工机关从内线得到消息后，又避免了这场灾难。德国军事情报局也不甘落后，他们千方百计想杀害斯大林，以挽救自己失败的命运。第一次是1944年，计划由德国外长利用出席国际会议的机会下毒手。武器是外形像钢笔的枪，它能射出大口径子弹，有效射程6米至8米。后因德军被打得一败涂地而失去机会。同年8月，德国策划了一次更为凶险的暗杀行动。担任行刺的主角是苏联红军军官波利托夫，他于1942年被德军俘虏，在德国军事情报局特工学校深造，受过特别训练。暗杀计划有两个方案：第一个是用穿甲弹打斯大林的专车。德国情报局的科研人员特意研制出了能在300米内穿透45毫米厚装甲的短筒无后坐力炮，它可以固定在右臂上，用按钮发射；第二个方案是用大爆破力磁性定时炸弹，放在斯大林接见前线归来英雄的高级指挥官会议室里。为了便于行动，波利托夫改名为"塔夫林"，成了苏联方面军"斯梅尔什"反间谍机关的少校，战功累累，"荣获"过苏联英雄称号、五枚战斗勋章和两枚奖章，勋章和奖章是从阵亡的苏军将士身上取下的，货真价实。为了让一切都做得天衣无缝，甚至伪造了登有苏联最高苏维埃颁奖令及"塔夫林"照片的《真理报》和《消息报》。

"塔夫林"的助手真名叫阿达米切娃，她装成"塔夫林妻子"，实为他的报务员和译电员，随身带有伪造的去"斯梅尔什"出差的证明。一切都做得十分严谨，可惜几个小小的疏忽却让这个严密的暗杀计划最后落了空。"塔夫林"在里加定制了一件苏式皮衣，要求袖子和口袋都又宽又长。接活的裁缝是苏联反间谍机关的情报员，他在"塔夫林"试衣后跟踪，见他进了德国军事情报人员经常出入的旅馆，于是就把一切通知了"上司"。"塔夫林"成了苏联的注意目标。第二个意外是先遣部队被苏联军人抓获，这批人供出还有一架飞机要送人来，说出了降落地点。苏联方面用电报发出了假消息：一切正常，接机工作正在按计划进行。狡猾的德国军事情报局居然没有看出破绽，于1944年9月5日派了一架甚至能在农田里着陆的阿拉多-332式飞机送"塔夫林夫妇"进苏联。警惕的防空兵在敌机入境时开炮，飞机被击伤。飞行员只得改变着陆地点，在伸手不见五指的黑夜，侥幸降落成功，虽然飞机又多了几块伤疤，人员总算无恙。"塔夫林夫妇"坐上随机带来的苏制摩托车，向莫斯科进发。

苏联反间谍机关在原定着陆地点扑了空，十分不安，立即下令对通往莫斯科的路口加强警戒。"塔夫林夫妇"乘坐的摩托车在勒热夫区被哨兵拦住，检查证件。一切正常，哨兵准备放行，只是顺便问了一句："少校同志，您从哪儿来的？""塔夫林"不知着陆地点为何地，只得谎称从某地（原定着陆地点）。从该地到勒热夫区少说也有4小时的路程，而且当晚阴雨连绵，可是摩托车干干净净，两人的衣服也都是干爽的。哨兵不动声色地说："请您到队部去盖个章，否则到下一个哨卡还要补办。这是章程，请原谅。""塔夫林"夫妇点点头，跟哨兵去了队部。哨兵趁"塔夫林"夫妇办手续之机，从摩托车上查出了短筒炮、皮衣、7支手枪等暗杀工具，这次行动也泡了汤。德国军事情报局绞尽脑汁，又造出了杀伤力极强的炸药，它外表如一小团脏物，用只有一包香烟大小的短波发射机起爆，遥控距离可达7英里。这项任务落到了两个苏军俘虏身上，其中一个同斯大林车库的机械师是朋友，行动就更方便了。只要设法把炸药放到斯大林的车上，就万事大吉了。可是两人被空投到斯大林总部所在地后就杳无音讯，或许被抓，或许自首。总之，暗杀没有成功。

斯大林为何不防范德军的闪电突袭

　　1941年6月22日，德国突然在漫长的战线上对苏联发起猛攻，二战最重要的部分苏德战争打响。战争初期，苏军损失惨重，一个师一个军整建制地被德军消灭或俘虏。

　　不过，后来披露的内幕显示，在苏德战争爆发前，苏联最高领导人斯大林曾从多个渠道得知德国将发动进攻的消息。其中有些情报准确地告知了德军的规模和战争开始的时间。按照1973年的统计，斯大林至少获得过84份类似的报告，但它们都被红军情报总局归入了"可疑情报来源"。斯大林为什么没有做出应有防范呢?

　　但也有人认为斯大林并没有相信希特勒，也没有完全忽视情报的存在。对此最有说服力的事实是：在庞大的德国战争机器缓缓向东部移动的同时，苏联的军事机器也在发动之中。

　　德国在战前曾获得瑞典驻苏联军官的情报，宣称苏联早在3月就把60％的军队集结到了西部地区。战后的苏联史料也承认，在5月13日，苏联内地军区已开始按总参谋部的命令，向第聂伯河和西德维纳河开进并编入基辅、西部特别军区。另外，第20、24、28集团军也做好了变更部署的准备。为了隐蔽企图，上述部队的转移是在部队野营训练的伪装下，不改变铁路正常运行时刻表而隐蔽的进行的。这和德军集结兵力的手法非常相似。

　　但是，希特勒到底比斯大林快了一步。先发制人，后发制于人，苏联因此吃了大亏，以失败告终。但是有关斯大林为何不防范德军的闪击的内幕，至今还是个谜，只是大家各持已见罢了。

是谁烧了"诺曼底号"

1941年的深秋，法国巨轮"诺曼底号"静静地停泊在纽约港的88号码头，这个码头位于哈得森河上，离繁华的42街不远。"诺曼底号"长达1029英尺，仅比英国的"伊丽莎白皇后号"短2英尺。1939年9月1日，当它在公海上航行时，德国发动了对波兰的进攻，但它还是安全地驶进了纽约港。

"诺曼底号"在港口停泊一天就要花掉船东1000美元，因此，船上只保留了极少数船员以保养马达等重要设备。没有人想到会有人对该船进行破坏或纵火。"诺曼底号"的设计师魏德米·亚克维奇甚至认为，该船是有史以来建造的船只里防火性能最好的一艘。

在德国，希特勒的德军早就盯上了这艘法国船。1940年6月3日，法国向德国投降。在这之后的两周，德军反情报机构的头目卡拉瑞斯的间谍机构阿勃韦尔就向纳粹在美国的间谍发出了命令："严密注意诺曼底号。"希特勒和他的高级将领明白，美国一旦加入对德战争，这艘法国巨轮一次就能够运输12000名美国海军士兵到欧洲参战。

纽约市沿海地区和新泽西的港口城市是纳粹分子活动的温床。在一间间凌乱肮脏的小客栈里，住着从世界各地来的海员，其中有许多纳粹间谍和纳粹同情者。这些地方中最臭名昭著的一家是新泽西的"高速公路客栈"，另外两家是曼哈顿的"老牛肉"酒吧和新泽西的"施密德的吧"。"施密德的吧"里的一个侍者是德国间谍，他每次都伸长耳朵贪婪地听海员在喝多了酒后所泄露的海上消息。

希特勒对美国宣战后两个月，巨大的"诺曼底号"在纽约被烧毁。1941年12月7日，日本偷袭了珍珠港。4天后，希特勒让德国议会不经表决就通过了对美国开战的宣言。他对他的副手叫嚣说："我们总要首先开战！我们要

△ 诺曼底号

永远打响第一枪！"

就在同一天的晚些时候，希特勒的密友、意大利独裁者墨索里尼也对美国宣战。

就像希特勒和他的高级将领所担心的那样，美国海军立即征用了"诺曼底号"，并对它进行了改装。许多人都热烈支持将该舰改装成军用运输船，大约有1500名民工参加了该船的改装工作。

改装任务非常紧迫，必须在1942年2月28日以前完成。完成后，该舰将在舰长罗伯特·考曼德的率领下，驶离纽约港去波士顿。在那儿，它将要装上10000名士兵和他们的武器装备去大西洋沿岸的某个地方——毫无疑问，它的目的地将是英国。

但是，2月9日下午2点34分，"起火了"的喊声突然从船上响起来。这时候，距"诺曼底"号远征欧洲只有3周的时间了。人们匆忙扑上船去灭火，但是，当天是一个大风天，火很快就失去了控制，人们眼睁睁地看着火漫过了甲板，不到一小时，整个船就变成了火的海洋。

火势不断蔓延，将近3000名民工、船员、海军士兵和海岸警卫队成员爬过"诺曼底号"的船舷，吊下绳子，顺绳子跳到码头上，有的干脆直接跳到踏板上逃生。纽约市的消防队员发誓说，这是他们见过的最猛烈的大火。

约有3万纽约市民聚集到第12街观看这场大火。在他们中有一个头发花白个子矮小的老头，他就是"诺曼底号"的设计师魏德米·亚克维奇。他的脸上布满了愁容。因为他浓重的口音，警察没有让他通过警戒线到船边。实际上，就是魏德米·亚克维奇也对大火中自己的杰作无能为力。凌晨2点32分，这只倒霉的船终因灌水太多、倾斜过度而翻了过去，就像一条搁浅的大鲸鱼，躺在了哈得孙湾的水面上。

就这样，美国失去了一条最大的船，同时有1人死亡，250人受了擦伤、扭伤、摔伤以及眼睛和肺部的灼伤。

△ 诺曼底号邮船起火

美国政府立即成立了几个调查组以查明这起备受公众关注的大事故，联邦调查局和福兰克·霍根律师盘问了100多位证人。与此同时，海军也成立了以退休海军少将莱姆·雷黑为首的调查组。两个月后，国会海事委员会成立的调查组发布结论说："起火的直接原因应归结于民工的疏忽和管理上的疏漏。"

为什么一个如此巨大的海轮，在有大量防火设施的情况下，能够爆发大火，并在几小时内变成一堆焦炭？是不是有纳粹破坏分子混到船上，为了不可告人的目的，纵火烧毁了这条船？"诺曼底号"的烧毁是否是纳粹所为，已经伴随着这场大火造成的重大损失成为一个巨大的谜团。

"诺沃罗西斯克号"沉没之悬案

1955年10月29日，宁静的夜幕笼罩着昏睡的塞瓦斯托波尔。远航归来的"诺沃罗西斯克号"战列舰已经停泊在锚地。疲惫的舰员们终于盼到了期待已久的休息，纷纷进入梦乡，对午夜1点30分46秒在诺沃罗西斯克号突然发生的强烈爆炸的灭顶之灾没有丝毫预兆。

这次强烈的爆炸击穿了装甲舰底部和所有8个甲板。200名舰员当即丧生，该舰及"库图佐夫"、"莫洛托夫"和"伏龙芝"号巡洋舰的430名舰员在抢救战列舰时英勇牺牲。战列舰挣扎了两个半小时后，在离岸130米远18米深的海区颠覆沉没。

如今，"诺沃罗西斯克号"战列舰爆炸沉没惨案已过去半个多世纪，但有关该爆炸事故的原因却仍然众说纷纭，无一定论。

"诺沃罗西斯克号"是当时最先进的军舰之一，其排水量（改建后为标准）：23622吨，满荷，25000吨；长64米，宽28米，吃水（平均）9.14米；功率75000马力，航速达27节，燃料储备为2000吨；舰艇宽度：船舷为203～218厘米（中部）、127厘米（尾部）；舷台为211厘米，炮塔为280厘米，指挥台（首部）为280厘米。

在惨祸发生后，许多该事件的目击者提出了两种推测：第一种认为，"诺沃罗西斯克号"是偶然碰上德国人施放的老式非触发水雷而引起爆炸的；第二种则认为，爆炸系水下破坏者所为。但需要说明的是，直到现在，大家对这个问题还是众说纷纭，莫衷一是。

不久前，人们发现，参加政府委员会工作的苏联海军元帅库兹涅佐夫也有自己的见解。他死后，人们从他的文件中发现有这样的叙述："旧式德国水雷怎么会留到现在，而且还有效用。爆炸一定在夜间，而且在军舰这个最

△ "诺沃罗西斯克"号战列舰

致命的部位爆炸，这对我来说，始终是个不解的谜。这一切是多么的难以置信……"

原海军总司令部退休海军少将的工作人员在信中写道：在原意大利战列舰上升起我们的海军军旗并将其易名为"诺沃罗西斯克号"的事实使意大利人恼羞成怒，怀恨在心，而且这也是博尔格泽（意大利海军第10区舰队特种部队指挥官，这支特种部队在第二次世界大战期间专门从事水下破坏活动）人员的工作异常活跃起来的原因。

20世纪50年代初期，在克里米亚国际疗养的不少人是意大利旅游者——醉心潜游者。他们借口对克里米亚水下动植物甚感兴趣，自由自在地游遍整个沿岸地区。完全可以推测，这是博尔格泽人员爆炸"诺沃罗西斯克"的积极准备行动。

需要指出的是，那些年对保卫塞瓦斯托波尔港非常麻痹大意。

比如，发生不幸事件的这一天，按照舰队作战值班员的命令，用于警卫主要基地出入口的大型猎潜艇被调离自己的岗位，前往别尔别卡区域保障航空兵飞行去了。到10月29日0时27分，即在"诺沃罗西斯克"号爆炸前一小时多一点，才回到自己的巡逻路线上来。这样，实际上塞瓦斯托波尔港的出入口几乎一整天都处于无警戒和暴露状态，以致为海下破坏者们潜入港内创造了有利条件。

事故发生后不久，"诺沃罗西斯克"号就被秘密打捞起来，拖到卡扎奇耶湾，拆卸完武器弹药后，被肢解成金属废料。可令人疑惑的是，战列舰爆炸之谜尚未真正解开，海军新总司令戈尔什科夫海军上将就发布了关于战列舰乘员对该军舰沉没负责任的命令。（显然是应赫鲁晓夫和朱可夫的要求而做出的）这道命令至今尚未撤销，以致所有战列舰舰员都没有得到应得的奖章和勋章。

这究竟是为什么呢？惨案已过去半个多世纪，但有关它沉没的来龙去脉，却依然是一个让人难解的谜团。

二战时《苏德互不侵犯条约》附有秘密议定书吗

英国《曼彻斯特卫报》于1946年5月30日登了一则让人震惊的新闻，认为1939年《苏德互不侵犯条约》附有一项秘密议定书，而且对其内容予以了披露。这一新闻引起了许多学者质疑和研究的兴趣。

不少西方学者推测1939年《苏德条约》附有秘密议定书。例如英国著名学者阿诺德·托因比等人编的《大战前夕，1939年》一书载有《苏德互不侵犯条约》的秘密议定书的主要条款。法国当代著名史学家让·巴蒂斯特·迪罗塞尔在其《外交史》中断言：《苏德条约》存在着无可争议的秘密议定书。原纳粹德国上将蒂佩尔斯基希在其《第二次世界大战史》一书中叙述了关于希特勒将部分波兰领土划给苏联、对与苏联接壤的东欧小国不表示兴趣的问题，他实际上谈到了西方国家公布的《苏德条约》的秘密议定书的一些内容。英国学者艾伯特·两顿在其《苏德战争，1941—1945年》一书中也有《苏德条约》附有一份草率拟就、措辞模棱两可的秘密议定书的叙述。美国学者威廉·夏伊勒在其名著《第三帝国的兴亡—纳粹德国史》中还对《苏德条约》的秘密附属议定书的主要内容予以列举。奥地利的布劳恩塔尔也对《苏德条约》附有秘密议定书的说法持肯定态度。

中国学术界在有关苏联对《苏德条约》的秘密议定书的问题上有两种不同的说法：一种是认为苏联并未否认其存在；另一种是认为苏联否认其存在。

这样，1939年《苏德条约》是否附有秘密议定书的问题就成为人们争议的一个热点问题。弄清这个问题对于正确评价战前国际关系、深入了解第二次世界大战史具有十分重要的意义。但是这只是学者们的种种推测，至于《苏德条约》是否附有秘密议定书的问题至今还是一个谜。

纳粹德国是否拥有原子弹

1938年，两位德国物理学家发现了核裂变。此后，一批德国科学家在纳粹的命令下开始紧锣密鼓地研制核武器。但是，纳粹德国在灭亡前是否已经拥有原子弹，史学界对此仍存在争论。学者们仍是各持已见。

德国历史学家莱纳·卡尔施在其新书《希特勒的炸弹》中提出，纳粹已经拥有原子弹。他说，当年纳粹的科学家至少先后试爆过三颗原子弹，其中一颗是在德国北部的吕根岛，另外两颗则在图林根的奥尔德鲁夫。其中，奥尔德鲁夫的核试验是在1945年3月3日21时20分，它比同年7月16日美国在新墨西哥试爆的原子弹要早好几个月。

卡尔施还找到了一些目击者和证人证明核爆炸确实发生过。不过，尽管卡尔施提出了一些鲜为人知的新证据，但许多人依然认为缺乏足够说服力。

首先，纳粹德国当时缺钱少人，如何开展如此大规模的研究和试验？当年美国为实施"曼哈顿计划"曾投入了数十亿美元，调集了数以千计的科学家和技术人员参加了核武器的研制。而纳粹德国仅靠为数不多的科技人员就能把原子弹造出来吗？

另外，若真有其事怎能隐瞒60年？那些目击者和证人为什么直到现在才说出事实真相，纳粹德国真的有原子弹吗？由于人们至今仍未找到最有力的直接证据，这一说法仍是个未解之谜。

珍珠港事件是不是美国的"苦肉计"

1941年12月6日晚，在美国白宫，美海军部长诺克斯、海军作战部长斯塔克、陆军部长史汀生、陆军参谋长马歇尔和商务部长霍普金斯少见地聚在一起，与总统罗斯福一同消磨时光。他们在等待一件事——日军进攻珍珠港！他们的等待中隐藏着什么，在安静中蕴藏着杀机。

日军击落了美军战列舰8艘、轻巡洋舰6艘、驱逐舰1艘，损毁飞机270架（一说180架），伤亡3400余人。美国人还能坐观其势吗？

次日，罗斯福总统在国会大厦发表慷慨激昂的演讲和战争咨文，正式对日宣战。美国公众彻底放弃孤立主义，投入到对轴心国的战争中。白宫历史性的一幕是由当时在场的海军部长诺克斯对其密友詹姆斯·斯泰尔曼透露的，它给人们留下一个谜——美国到底是否知道日本要偷袭珍珠港？

1935年，美国陆军重新组建由密码专家威廉·弗里德曼领导的监听机关——信号情报处。它与随后成立的海军通信保密科被冠以"魔术"的代号。

至1941年，"魔术"已能截获并破译出绝大多数日本人用九七武打字机发出的"紫色密码"外交电报。1941年底，他们破译的秘密外交电报平均每周多达200页。这其中包括许多有关珍珠港的情报：1941年9月24日，日本海军通过外务省致电檀香山总领事馆，要求了解美军太平洋舰队军舰在珍珠港的停泊位置；11月15日，日本外务省要求驻檀香山总领事馆每周至少报告两次珍珠港美军军舰的动向；11月18日，日本驻檀香山总领事馆向外务省汇报了美军军舰进珍珠港后航向变化角度和从港口到达停泊点的时间；11月28日，日本外务省要求檀香山总领事馆销毁密码和密码机；12月2日，日本驻檀香山总领事馆用低级密码继续报告美军的一举一动……

"魔术"将最重要的情报由特别信使及时递交给总统、陆军部和海军部的部长、作战部长、情报局长、国务卿等军政首脑，而其他人极少能接触到这些情报。但华盛顿并没有将上述与珍珠港密切相关的情报通知太平洋舰队司令金梅尔海军上将和夏威夷基地司令肖特陆军中将。金梅尔将军后来在接受调查时直言不讳："海军部扣下了珍珠港将可能遭受袭击的有关情报，太平洋舰队被剥夺了一次战斗机会，导致1941年12月7日的灾难性局面。"对于这种反常的行为，斯塔克解释道："我不希望通知金梅尔司令，因为这样会泄密。"他怕泄露的究竟是日本人的秘密还是华盛顿的秘密？

即使美国高层害怕泄密，也应该在大战即将来临之际想方设法加强珍珠港太平洋舰队的实力。事实上在1941年初，太平洋舰队包括1艘航空母舰，3艘战列舰、4艘巡洋舰、17艘驱逐舰在内1/4的作战力量被调拨给了大西洋舰队。此外，海军部还把舰队中素质最好的指挥官和水兵也成批调往大西洋舰队。为此，金梅尔曾多次向海军作战部部长斯塔克陈述加强太平洋舰队实力的重要性。他在1941年9月12日写给斯塔克的信中言语恳切地说："一支强大的太平洋舰队，无疑是对日本的威慑，而弱小的舰队也许会引来日本人……在我们能够保持足够对付日本舰队的兵力之前，我们在太平洋是不安全的。"但海军部却丝毫不理会金梅尔的呼吁。更奇怪的是，当日本飞机对珍珠港狂轰滥炸时，太平洋舰队的主力——3艘航空母舰恰巧全部外出（"萨拉托加"号停在圣迭戈检修，"列克星敦"号正在行驶途中，"企业"号在珍珠港以西200海里的归途中），它们因此逃过劫难。

1995年9月5日，当时的美国总统克林顿收到一名名叫海伦·哈曼女士的来信。她在信中称她的父亲史密斯曾向她讲述过一些关于珍珠港事件的惊人内幕，在二战时她父亲任美军后勤部副主管。她父亲说，珍珠港事件爆发前不久，罗斯福总统紧急召开了一个由极少数军官参加的秘密会议。总统在会议上透露了一个惊人的消息：美国高层已经预见到日本海军将要偷袭珍珠港，可能造成大量人员伤亡和财产损失。他命令与会者尽快准备将一批医务人员和急救物资集结到美国西海岸的一个港口，随时待命启运。罗斯福总统特别强调禁止将会议内容向外透露，包括珍珠港的军事指挥官和红十字会的官员。面对与会官员的惊讶与不解，罗斯福解释说，只有当美国本土遭到攻击时，犹豫不决的美国民众才会同意他宣布投入战争。这封信引起了很大轰动，但哈曼不是当事人，而她父亲史密斯又已于1990年去世，人们无法从中得到更加详尽和更有说服力的材料。

克林顿收到信后不久，美国红十字会夏威夷分会的工作人员在查阅该会1941年至1942年财政年度报告的影印件和有关国家档案时，意外发现美国红十字会和美军后勤医疗部队在珍珠港事件前一两个月曾进行过非常规的人员和储备物资紧急调动。例如，在那段时间里，夏威夷分会通过正常渠道从国家红十字会总部得到价值2.5万美元的医疗急救物品，同时，还通过秘密渠道接收到价值5万美元的药品和物资。

这批额外补给，在偷袭珍珠港事件后的急救工作中发挥了重要作用。1941年11月的美国红十字会总部的月度报告也显示，那个月夏威夷分会共接收了2534名医护人员，其中1505名是被秘密调去的临时人员。有关人员还从夏威夷红十字分会会长阿尔弗雷德·卡瑟尔的弟弟威廉·卡瑟尔的日记中发现：12月6日，夏威夷分会的全体人员奉命准备值班。

美国史专家查尔斯·比尔德和著名作家约翰·托兰等人分析认为：面对国内浓厚的孤立主义情绪，具有远见卓识的罗斯福总统和他的高级幕僚们为了使美国在纳粹德国和日本法西斯全面征服欧亚大陆之前投入战争，上演了这出"苦肉计"。同时，为了减少损失，他又将3艘航空母舰调出了珍珠港，并通过秘密渠道不露声色地运去大批医护人员和急救物资。但由于人们至今仍未找到最有力的直接证据，有关"苦肉计"之说至今仍然是一个未解之谜。但是美国有多大的信心投入到反法西斯战争中则更是一个谜。

杀害马丁·路德·金元凶之谜

马丁·路德·金（1929—1968）是美国黑人教师，非暴力主义者，著名的黑人民权运动的领导人。1968年4月4日，金在美国田纳西州首府孟菲斯的罗莱瑛汽车旅馆的阳台上遭到枪击，一小时后在医院逝世。

警方查出凶手的真实姓名是詹姆斯·厄尔·雷，他不是黑人，而是一个白人。他是个抢劫惯犯，曾被判入狱20年，1967年4月成功越狱。他于1968年4月4日早晨住进贝西太太的出租公寓，傍晚开枪把马丁·路德·金打死了。对自己的犯罪事实，厄尔·雷供认不讳，他被判入狱99年，可是他在审判后不久就反悔了，坚持说自己是冤枉的，并要求对此案进行重新审理。

尽管如此，许多史学家和社会学家仍对雷的暗杀行动是属于独立的行动还是与别人共谋持怀疑态度，并发表评论表明自己的态度。

虽然雷的供词是本人提供的，然而，他却从不承认自己有过杀人动机。雷是一个令人觉得好笑的三流窃贼，他在打劫杂货店后驾车逃跑被甩出车外，偷打字机时将存折丢下，两次越狱都没有成功。这样一个傻瓜，1967年为何能成功越狱，并一下子过上富有而体面的生活，甚至四处旅游，挥金如土？

因而，人们怀疑联邦调查局参与了此案，联邦调查局早在50年代就对马丁·路德·金的行动有所注意，1964年还制定了"消灭金小组"计划。在记者招待会上，联邦调查局局长胡佛甚至指责马丁·路德·金是全国最大的骗子，胡佛还在马丁·路德·金荣获诺贝尔和平奖之后，派人给他送恐吓信，要他"小心谨慎以谢国人"。

可见金被杀不是孤立的，而是有预谋的，其背景十分复杂。美国对他的非暴力行动非常不满，一直持敌视态度，后来他与肯尼迪总统联合起来，

△ 马丁·路德·金

因为他们有着共同的敌人，他们都主张非暴力，主张人权，1963年肯尼迪遇刺他们的敌人就只有金一个人了，他依然坚持自己主张，几年后金也死于谋杀，这不仅仅是一种巧合。还有的推断是，金死于他父亲之手，当然，这只是一种推测而已。

　　从以上事实和各种评论来看，雷暗杀黑人领袖金是不是孤立的行动还是与其他人或机构共同谋划的，依然是个悬案啊！

田中奏折真伪之谜

1931年"九·一八"事变后不久，中国各大报刊忽然披露了日本首相田中义一在1927年呈送日本天皇的一份秘密奏折，题为《对华政策纲领》。奏折中写道："吾人如欲征服中国，则必先征服满洲及蒙古；吾人如欲征服世界，则必先征服中国。吾人如能征服中国，则其余所有亚洲国家及南洋诸国，均将畏惧于我，臣服于我。此时，世界各国将了然于东亚乃吾人之东亚，而不敢再行侵犯我之权利……"田中奏折一经披露，中国和亚洲各国一时为之震惊。中国各家报

△ 田中义一

刊不但原文照登奏折内容，而且环绕奏折中提出的日本侵华思想，发表了各种议论。亚洲各国舆论界、情报界、军政界更是沸沸扬扬。有人提出疑问：如此机密文件，是怎样见诸中国报端的？田中义一是否确实主持制定过这样一份露骨的侵华政策大纲？

"九·一八"事变后不久，日本在中国东北扶植卖国汉奸，建立了伪"满洲国"，企图变中国东北为其永久殖民地。据称当时一个姓蔡的伪满官员，因从事一项学术研究，需要日本方面的档案材料，他利用所谓"日满亲善"口号下的政治氛围和与一些日本朋友的关系，伪装混入日本皇室枢密院图书馆查阅宫廷档案。在堆放古籍材料和经典的书架上，他发现一个棕色卷宗，包装精致，与其余落满灰尘的卷宗相比分外醒目，便信手抽出翻开，一瞥之间，心中暗惊：竟是一份上奏天皇的密奏。读过几行，知这份密奏事关

△ 在泉州发现的《田中奏折》

中国几亿同胞的前途和命运，便设法避开图书馆中的日本工作人员，冒着杀头危险，扼要读完，将其译抄为中文，藏在衣服夹层中，带出图书馆。然后又几经辗转，带回中国，在报端披露。奏折披露后，日本方面十分恼怒，矢口否认田中首相曾主持制定过这样一份重要文件。他们认为所谓田中奏折之议，是中国方面为鼓动民众抗日，尤其是鼓动亚洲各国和美国反日排日，蓄意策划的阴谋。田中奏折原文不合日本官员奏章文体，完全是中国情报机关伪造的一份文件。由于年代久远，很多日本侵华档案已被损毁，究竟是否有这样一份田中奏折，就成了一桩历史悬案。

许多年后，一位年轻的中国学者通读中日两方面有关档案材料，对照田中奏折原文，研究日本对外侵略的政策史和侵略步骤，发现二者关系密切，有惊人相似之处。

19世纪末，经过明治维新运动迅速强大起来的日本军国主义者开始走上大规模对外扩张的道路。1894年，日本发动甲午战争，从中国割占了台湾岛及其邻近附属岛屿，并取得对朝鲜的保护权。1904年，日本打败称雄亚洲的沙俄，夺占俄国库页岛南部和中国辽东半岛，并迫使俄国承认日本在朝鲜享有独占地位。不久，日本公开侵略朝鲜，把朝鲜半岛变成日本殖民地。1927年，中国北伐战争进入高潮，北伐军在"打倒列强"的口号下，跨过长江，向黄河流域进军，日本乘机出兵山东，占领中国青岛等地。

1927年6月27日，日本出兵山东刚过一个月，新任为内阁首相兼外相的日本陆军大将田中义一、指导外务省次官森恪，在日本首都东京召集日本陆军、海军、参谋本部、关东军、关东省和驻华使馆官员及满铁公司代表等，召开东方会议，商讨日本对华政策。会议连开十几天，到7月7日结束。最后写成《对华政策纲要》，以田中奏折名义，由田中首相面奏天皇。

田中奏折开宗明义，概述了日本企图征服中国、亚洲和称霸世界的总目标后，继而炫耀性地总结了19世纪来和20世纪初日本的扩张活动："明治大帝遗策第一期征服台湾，第二期征服朝鲜均已实现。"毫无疑问，奏折是把通过甲午战争割占台湾视为实现日本侵略总目标的第一步；日俄战争及征服朝鲜是第二步。这与东方会议召开前几十年间的日本侵略史完全一致。

在对过去作总结后，田中奏折明确提出实现日本政策总目标的第三步："吞并满蒙"；然后是第四步："统治中国全部资源"；第五步："吾人将更能征服印度、南洋群岛、小亚细亚以至欧洲。"奏折还认为，实现日本目标，征服中国及亚洲的主要障碍是苏联和美国。因此，日本"不得不与美国一战，打倒美国势力"，同时还要准备与苏联开战。概而言之，田中奏折确定的日本政策，就是沿朝鲜半岛大陆桥，先吞并中国东北和蒙古，然后侵占中国本部，再进攻东南亚。在此过程中，日本准备不惜与美国和苏联决战。

虽然日本方面一再否认田中奏折的真实性，但东方会议以后的日本对外政策却与其中规定的步骤完全一致。东方会议结束不久，日本第二次入侵山东。1928年，日军炸毁张作霖专列，使其重伤致死，然后企图诱迫张学良归降日本。1931年，日本发动"九·一八事变"，夺取全东北，实现了田中奏折规定的第三侵略目标。1937年，日本发动"七七事变"，全面侵华，迈向第四步侵略目标，并摆开迎战美国和苏联的姿态。1941年，日本发动太平洋战争，夺占东南亚，迈向田中奏折规定的第五步侵略目标。凡此种种，说明田中奏折内容与日本侵略活动相互一致，衔接天衣无缝。田中奏折不但不是伪造文件，而且确实是日后十几年日本对外发动侵略战争的蓝本。

但由于日本政府拒不承认田中奏折的存在，竭力改变和模糊历史，田中奏折关于二战中的重大问题，将会继续引起中日学者的兴趣和争论。我们拭目以待历史的真相。

女间谍川岛芳子有没有被枪决

二战时期的女间谍川岛芳子在日本可谓是闻名遐迩，在中国可谓是臭名昭著，在中国抗日战争胜利后，这位风流女间谍的去向如何呢，她到底有没有被枪决呢？

日本在1945年8月15日投降之后，全国人民要求对汉奸进行严惩，几名手持短枪的国民党政府宪兵于10月10日在北京把川岛芳子逮捕了，他们把手铐戴到了她的手腕上，给她头上蒙上黑布，暂时在一个军队司令部的仓库内关押。两个月后川岛芳子先在北新桥的前日本陆军监狱内关押，后又被转移到远郊姚家

△ 川岛芳子

井河北第一监狱的女监第3号牢房，这是国民党的模范监狱，关押的主要是大汉奸。

1948年3月25日早晨6点40分，她在第一监狱西南角的场地上被秘密枪决。她在行刑前给狱长和其养父等人写了遗书，并曾请求穿上黑上衣、白绸裤子，但没有被批准。在行刑前各报记者被通知可以采访，但在执行死刑时，除了一位美籍美联社记者外，其他中国新闻记者全部被挡在了门外。事后女尸被停放在第一监狱后门的自强路上，直到7时半监狱方面才引导记者对此女尸进行参观。尸体脚朝北，头朝南，身着灰色囚衣，里面穿红色毛衣、蓝色毛裤，子弹从后脑射入，又从鼻梁射出，头发披散，满脸血污，根本无

法分辨面目。

但对于监狱方面出尔反尔的行为令各报记者极其不满，不断质问司法部门。对于记者们的质问法院也无可奈何，最终不了了之。但是，对川岛芳子的枪决真相却众说纷纭，闹得满城风雨。传闻最多的是一个名叫刘凤玲的女犯以10根金条的代价做了川岛芳子死刑替身。

日本一位研究川岛芳子的专家、东京大学渡边龙策教授还就川岛芳子之死提出一连串质疑：最为关键的行刑场面为何会被搞得这样神秘？为什么会违背惯例，把新闻记者都赶出现场呢？被处决者的脸部为何被弄了那么多的泥土和血污，以致无法辨认人的面目？为何单

△ 川岛芳子原名爱新觉罗．显玗，字东珍、号诚之，汉名金璧辉，是镶白旗人

单选择看不清人的面孔的时间行刑？渡边龙策教授还提到：川岛芳子的哥哥金宪立说川岛芳子已经去了蒙古，之后北上苏联；还有人说川岛芳子已到美国去了。

川岛芳子的来历本来就是一个谜，而到最后，她的死也成了一个谜，看来，这位风流女间谍真可谓做到了"来无影，去无踪"。

沙皇尼古拉二世一家被处决之谜

1917年2月中旬，一场革命在彼得格勒爆发了。在布尔什维克的领导下，彼得格勒普梯洛夫工厂开始罢工，其他工厂纷纷响应。到24日，罢工工人已达20万。在工人觉醒的基础上，2月26日，布尔什维克号召举行总起义，成立临时政府。工人积极响应号召，士兵也转向起义。到27日晚，已有6万以上的士兵转到革命方面来。起义的工人和士兵很快就取得了胜利。沙皇尼古拉二世与人民对抗，采取强硬手段，派军队协助恢复秩序，然而一切晚矣。内阁提出辞呈，杜马中也在军队支持下要求沙皇退位……2月27日晚，彼得格勒工人士兵代表举行苏维埃第一次代表大会。彼得格勒起义胜利的消息，推动了其他城市和前线士兵的起义。统治俄国长达300年之久的罗曼诺夫王朝终于被革命力量推翻。3月15日，尼古拉二世在普斯科夫宣布放弃皇位，由弟弟米哈伊尔继承，但遭到拒绝。革命胜利了，全国各地都成立了苏维埃。然而，当布尔什维克在街头领导群众进行战斗，许多布尔什维克领袖还被关在牢狱里或仍在流放中的时候，孟什维克和社会革命党人却在苏维埃中窃取了领导权。他们惧怕革命运动的进一步发展，赶紧同国家杜马中的资产阶级代表达成协议，决定成立以李沃夫大公为首的资产阶级临时政府……李沃夫公爵的临时政府把尼古拉二世扣留在圣彼得格勒附近的皇村，并准备将他和他的家族送往英格兰，但由于彼得格勒苏维埃的反对，决定把他们改送到西伯利亚的托博尔斯克……

1917年8月一个闷热凄然的夜晚，向西伯利亚转移的沙皇一家在300名士兵的押送下，来到季乌曼的河港码头。历史竟如此巧合，亚历山大·克伦斯基在小时做曾对长期是西伯利亚首府的、坐落在乌拉尔东山坡上的古城托博尔斯克的总督官邸留下了极好的印象。在他成为临时政府首脑以后，为了拯救罗曼诺夫一家的命运，他决定将尼古拉二世一家转移到那里过冬，然后待机把他们送往日本。但是他没有想到，这个远离铁路300多公里的城市，夏天只有乘汽船，冬天只能靠一条冰冻的泥泞道路出入。运送尼古拉二世一家的火车穿山越岭，向西伯利亚奔驰。在欧、亚两洲交界处时，尼古拉告诉他的儿子："阿列克谢，现在，你已真的到了西伯利亚！"他们在季乌曼下了车，并获悉，他们还要乘坐汽艇继续前往托博尔斯克。三个月前，尼古拉一家还住在灿烂辉煌的宫廷里，曾几何时，罗曼诺夫家族的皇冠落地，到头来，相随末代沙皇的只有两个人，一个是他童年时代的同学托尔哥鲁基亲王，另一位是忠诚的塔迪斯切夫。跟随皇后的，有她读报侍者和当初在哈罗加特教黑森的阿莉克斯公主学俄语的埃卡德琳娜·施奈德，在她结婚后，她一直照料着皇后的风湿病。而现在，前沙皇夫妇正坐在"鲁斯"号上，被送往监禁他们的地方。"我在想，我们会不会喜欢这个地方？"当船驶到托博尔斯克时，前皇子阿列克谢疑虑地撅着嘴道。这确实是一处陌生之地，也许对一个孩子是可怕的，因为这座古城坐落在托博尔河与伊尔迪河汇合处的高高悬崖上。沙皇一家在"鲁斯"号上困了八天以后，终于获准搬到总督府官邸。官邸布置得很好，屋内没有设看守。但是，几乎在他们刚刚到达不久，这所房子和周围无人的土地就被一排不算太高的栅栏围了起来，他们可以从他们的房间里看到外界，但却不能出入。为了锻炼身体，尼古拉二世不断地锯着木柴。女儿们忙着做针线活，皇后时而以动人的声音朗诵一些文学作品。消息闭塞，外界发生的一切，他们只能从看押他们的苏维埃士兵口中知之片语。为了打发时光，全家人有时也议论过去乃至家庭的每个重要人物：他们的功与过、妻子和孩子……

几天后，当看押沙皇一家的头目科比林斯基把外界新闻带给他们时，沙皇一家所赢得的平静生活和对未来的信念，突然消失了。他是在沙皇一家坐在一起喝晚茶时进来的，最小的几个孩子刚演完一场戏，他们十分喜欢演戏，没有事的人都是观众。客室里温暖、舒适，茶饮冒着热气，显示出俄罗斯家庭生活的乐趣。"先生，"欧仁·科比林斯基说道，"我认为我有责任通知您，我们已经收到彼得格勒来的电报！""说说，让我们听听！""如果这些消息确实的话，那么首都可能起义。列宁可能又回来了，赤卫队已经占据了城市的各个要点，克伦斯基已经逃走。可是，先生，在发电报时，冬宫已遭到从喀琅施塔得开来的一艘巡洋舰的炮击。""我的上帝！"前沙皇一家人用了一小时来讨论这则消息以及与他们有牵连的问题。尼古拉确信，还可能有新的电报到达，于是他和妻子回房间去了……虽然承担尼古拉二世一家花销的临时政府已经垮台，但还没有立即出现财政支出上的困难，因为政治上的变革尚未立即席卷到这里。苏维埃政权已在整个俄国建立起来。在乌拉尔地区，已经在埃卡捷琳堡和鄂木斯克建立了两个极有影响的政权。但有2万居民、27座教堂的托博尔斯克城却仍充满着古老宗教的狂热。冬天和革命同时来到，这座城市已不再是世外桃源了。尼古拉和他的助手们每天都在分析得到的情报。他们对克伦斯基的惨败进行着毫无结果的辩论。克伦斯基在率领残余部队占领彼得格勒未遂以后，便逃之夭夭。而列宁仍然是他们议论最多的话题。他已不再指望已经拒绝他去避难的英国人，更不寄希望于美国人，虽然他们的舰队已经集结在北极圈和符拉迪沃斯托克。这些争议不休的人们都坐在餐厅里。在客厅里的亚历山德拉·费奥托罗芙娜现在很少过问政治。她正在给儿子阿列克谢打长筒毛袜。这几天，小家伙一有机会便到院子里滑雪玩。前沙皇的长女奥尔佳发现父亲的心绪大为好转，母亲的脸上不知为什么也放出了光彩，这使她大惑不解。于是她只好请教忠诚的家庭教师吉里亚尔先生，获悉，原来沙俄旧军队有300名军人来到季乌曼，准备用武力拯救沙皇一家。但是，一切都成为梦想。就在资产阶级政府派员把前沙皇和皇后带到距鄂木斯克城西100公里左右时，骑兵押运队被鄂木斯克苏维埃成员拦截住，把他们关押到埃卡捷林堡伊巴切夫·托姆监狱。六个星期以后，沙皇的儿女们被接来关到一起。每天早8点，沙皇一家都要起床，穿好衣服接受视察和点名。如果是交上好运，早点可能有黑咖啡和不新鲜的面包。然后，他们一直要等到下午2点才能用上正餐，有时比这还晚。他们虽说有一位女厨师和侍者，但没有什么东西可以烹饪。食物是从苏维埃的一个集体食堂弄来的。下午，前沙皇和他的女儿们沿着院墙散步。他们可以望见在监禁他们的这所监狱的屋顶上，有红旗在飘扬，在距他们很近的耶稣升天大教堂大圆屋顶的十字架周围，架起了机枪。有时，他们怀着某种兴趣，倾听着监狱四周生命和自由的声音，埃卡捷林堡是一座充满活力的煤矿城市，大多数房屋都是木质的，只有一层楼。共产党人已牢牢掌握了这个城市的大权，契卡总部便设在市中心。监禁部队已由契卡和工人赤卫队替代。外卫是当地的工人赤卫队，他们对沙皇一家充满着仇恨。在前沙皇落入他们之手的时刻，显然，他们是不会叫他再活着离开的。当局已不再允许沙皇一家读报，所以，沙皇一家全然不知无情的镇压正在所有俄国监狱里展开。但是，从栅栏另一面的喧嚣声中，他们知道整个城市都在沸腾。一天下午，当一个卫兵跑来把他们带回屋里以前，他们甚至听到一个男人高喊："捷克人已到了季乌曼西部！"原来，1917年11月7日，俄国十月社会主义革命取得了彻底胜利。这时，西方帝国主义国家加紧了对尼古拉二世的营救活动，国内保皇派分子也在紧锣密鼓地试图帮助尼古拉一家逃跑。1918年5月25日，捷克斯洛伐克的匪军发动叛乱，6月17日，叛乱匪军企图营救尼古拉二世。7月12日，乌拉尔省苏维埃执行委员会通过决议：不再等待审判，将罗曼诺夫一家处以死刑……

　　7月16日，形势突然紧张起来。尼古拉二世身边的人都被调离。当他和女儿们在院子里散步时，一阵阵不寻常的嘈杂声告诉尼古拉，那是士兵在栅栏旁边架设大炮和机枪。教堂圆屋顶上的机枪，正虎视眈眈地瞄准他们这个方向。他们接到命令，不许靠近栅栏，然后被带回屋去。傍晚，天还没有黑下来，以往的活动已玩不起来，伊巴切夫宫沉浸在一片可怕的寂静之中。沙皇夫妇和孩子们都已分别入睡。一小时后，尼古拉二世被叫起，说是要到别的地方，他又走下楼来，唤醒孩子们。"出了什么事，爸爸？我们到哪去？"长女奥尔佳问他道。"想叫我们离开这里几天，捷克人可能包围了这个城市，他们离这里很近，我猜想他们担心有人来救我们。"很明显，他很焦急，很兴奋。"从这儿走，"等在前厅的苏维埃代表说道，"需要等几分钟，车还没到。我们的人都在底层的房间里，但你们必须到地下室去取椅子。"这是一间空空的厅堂，只有几盏马灯照明，午夜刚过去，天空仍有一些光亮，马灯似乎染上一层更深的蓝色。长女奥尔佳坐在椅子边上，用肩头支撑着弟弟。突然，房门被大大打开，在苏维埃代表的率领下，几个契卡特工人员持着手枪出现在地下室。这时，尼古拉二世试图站起来，结结巴巴地问："你们是谁？要干什么？"与此同时，苏维埃代表高声叫道："你们的朋友是……你们都是凶手……"话音未落，一阵排枪向沙皇一家扫来。顷刻间，撕裂人心的喊叫声和手枪声混成一片。奥尔佳扑到她弟弟面前。第一颗子弹击中她的肩部，她打了一个转。第二颗子弹射中她的胸膛，她倒在地上。其他人也随即倒在她旁边，扭曲着，呻吟着。最后一颗子弹击中她的喉部，鲜血从嘴里喷出，奥尔佳不动了，沙皇一家倒在血泊之中。他们的尸体经过焚烧之后，被扔进了一个废弃的旧矿井之中……

　　近日，英专家说他们揭开了俄沙皇王室成员死亡之谜：英国内政部的科学家最近在这里宣布，他们有98.5％的证据证明，1991年在俄罗斯东部埃卡捷林堡的一座坟墓里发现的骨骼残骸，就是俄国沙皇尼古拉二世和他妻子以及三个女儿的遗骨。这一发现使长达75年之久的关于沙皇一家死亡之谜的争论终于有了结局。有报道说，沙皇尼古拉二世、他的妻子以及五个孩子在1918年7月17日被处决。1991年，在埃卡捷林堡附近的一个坟墓里挖出了一些残骸，骨骼人类学家认为，这些骨骼残骸有可能就是沙皇尼古拉二世一家人的。俄罗斯社会科学院脱氧核糖核酸小组于当年9月把这些遗骨送到英国，请科学家帮助鉴定。英国政府法医科学脱氧核糖核酸小组组长彼特·吉尔在记者招待会上说，他们使用了两种先进的技术，对取自这些遗骨的遗传物质脱氧核糖核酸和菲利浦亲王血样里的脱氧核糖核酸进行了分析和对比。菲利浦亲王是英国女王伊丽莎白二世的丈夫，他的祖母是沙皇尼古拉二世妻子的妹妹，因此菲利浦亲王被认为是与沙皇家族有关的人。英国科学家说，他们对取自骨骼里的能够由母亲遗传给子女的脱氧核糖核酸进行了分析，发现沙皇妻子及其孩子的遗骨中含有的脱氧核糖核酸与菲利浦亲王血样里的脱氧核糖核酸完全一致。至此，沙皇王室成员中还有两人：王位继承人阿列克谢和小女儿的下落不明。有猜测说他们可能躲过了被枪杀的厄运。

伊拉克战机外飞之谜

战争要知己知彼，方能百战百胜。1991年的海湾战争，伊拉克百架战机在大敌当前之际非但没有奋起反击，反而逃之夭夭，转飞伊朗。此"玄虚"弄得人们大为疑惑，至今无人知晓其中真正动机。

这支自诩为"世界上第5支最强大的军队"到底在搞什么鬼？真真假假，扑朔迷离，使这一事件令人难辨真伪，然而归纳起来也不外乎有下面四种说法：

一种说法认为这是伊方的"韬晦之计"。众所周知，由于两伊战争刚刚结束，双方的敌对关系有所缓和。而海湾战争爆发后，伊朗即宣布中立以自保。在这种情况下，与其凭借地下防护体将战机留在国内倒不如将一些较为先进的飞机保存在中立国伊朗境内，故而战机纷纷外飞。

也有一些人士另持"未遂政变"一说。一部分西方人士纷纷猜测，伊国内的一起未遂政变可能是伊机外飞的直接原因。苏联某官方通讯社对于这一揣测也给予了证实。伊拉克在海湾战争中表现不力，致使多国部队节节胜利，萨达姆颜面大失，遂杀鸡儆猴，将两名空军司令以"防空不力"罪处决。随后，一些属于这两位司令派系的空军将领及飞行员旋即发生政变，未果。政变败露后，牵涉其中的一部分官员即驾机出逃，寻求政治避难。

还有一种说法是"厌战开小差说"。除向驻科伊军投放大量的收音机以及传单之外，多国部队还在美国示意下向伊本土投了数以百万计的传单，规劝他们弃械投降。可以说，心理战虽谈不上所获颇丰，但毕竟还是有一定成效的。故而许多西方人士认为伊空军有可能是开小差，临阵脱逃，以免多国部队"以石击卵"，作无谓的牺牲，这成为对这一事件的又一种新的诠释。

第四种就是所谓的"留作反击说"了。执行沙漠风暴的美军对伊拉克战

△ 1991年的海湾战争多国部队从地面推地

机外飞伊朗一事心情复杂。一方面他们看到数以百计的伊战机受制于多国部队的狂轰滥炸，致使伊空军无法发挥应敌效应，只能外逃，而同时，他们也意识到这些外飞的战机有可能东山再起，成为美国及多国部队的隐患，这对于多国部队而言不可谓不是一颗定时炸弹。然而，事后伊战机的表现证明了这一担忧纯属杞人忧天，外逃飞机既无任何一鸣惊人之举，也没有卷土重来之势，其命运如何亦不为世人所知了。

"出逃"抑或"避难"、"阴谋"抑或"无计"、"厌战"抑或"保存实力"……至今这一系列疑团仍萦回于人们的脑海中，引起多方揣测。只是这些扮演神秘角色的外飞战机何去何从？阿门！愿上帝保佑他们生存至今。

"巴巴罗萨"空战谁是赢家

　　战争狂一向目空一切，好大喜功，纳粹头子希特勒更是其中的"典范"，在美苏之间的"巴巴罗萨"空战中，希特勒与斯大林也唱起了对台戏。究竟谁是这场"游戏"的赢家呢？

　　1941年6月22日夜，希特勒一手制定了"巴巴罗萨"作战计划。俄罗斯人民正沉浸在和平、甜蜜的午夜之梦中，凌晨3点15分，成千上万颗绰号为"恶魔之卵"的球形炸弹带着刺耳的啸叫落下来，夜空的宁静被打破了，随着剧烈的爆炸声，到处升腾起冲天的火光。俄罗斯再也不能平静下去了，战争恶魔向他们伸出了巨手。

　　苏联空军蒙受了巨大损失，那么在"巴巴罗萨"空战中损失的飞机到底有多少？

　　这必然是个不小的数目，据德军4个航空队向德国空军总司令赫尔曼·戈林报告说：德国空军轰炸机炸毁了来不及起飞的苏军飞机1489架。此外，德军战斗机及高炮部队击落了升空的飞机322架，共计1811架。德军自己也不敢相信在如此短的时间内竟能获得如此辉煌的战绩。与此同时，戈林密令空军总司令部的军官们分别到各个已被占领的苏军机场依据飞机残骸进行一次统计调查。调查进行得很快，一份秘密调查报告呈送至戈林面前："巴巴罗萨"空战的战果不止1811架，而是2000架以上。报告说，准确的数字已无法核实清楚，但肯定在2000架以上。

　　因为戈林没有对此事展开进一步深入调查，所以人们都对此战果的报道持怀疑态度。而且，在"巴巴罗萨"空战以后，苏联空军并没有公布损失飞机的数字。战争结束以后，苏联国防部出版社发行了6卷本的《苏联伟大卫国战争史》。该书称，苏联空军在"巴巴罗萨"空战的第一天损失飞机1200

△ 德军装甲部队进攻苏联

架，其中单在地面上被炸毁的就有800架。

　　苏联与德国公布的数字相差非常多，竟达600～800架，这差不多是一个中等国家整个空军的实力，令人奇怪的是，苏、德双方对于升空后被击落400架飞机的数字，出来的统计结果是相同的。斯大林在当天早晨曾命令西部军区将所有飞机均加以伪装。但是斯大林的命令并没有得到执行。苏联空军的新旧飞机均未加任何隐蔽，整整齐齐地排列在跑道上，就像接受阅兵似的。大部分飞机来不及升空便被炸毁了。

　　尽管在这场偷袭战里，被炸毁的飞机到底有多少还是不得而知，但我们能肯定的是，希特勒在这次空袭中大获全胜，给苏联很大的打击，但是，希特勒失去的是亿万民心，他成了亿万人又怕又恨的对象，所以，最终也没有改变彻底失败的命运。

二战时的最后通牒是一场计谋吗

1943年1月13日，美国总统罗斯福和英国首相丘吉尔及其高级助手齐聚卡萨布兰卡的安发酒店开会。经过几个月的战争，盟军已经基本上将德国和意大利军队赶出了北非。这次会议的一个重要议题是：英美联军下一步将选择哪里作为突破口？

这些人一坐下来，激烈的争论就开始了。美国参谋长联席会议主席、满头银发的乔治·马歇尔以保持低调而著称，他主张应当从英吉利海峡反攻德军占领的法国西北部。英国皇家军队首领艾伦·布鲁克（Alan Brooke）提议进攻意大利的西西里，以迫使希特勒回防地

△ 乔治·马歇尔

中海，这将缓解东线苏联军队的巨大压力，英美双方处于胶着状态，经过4天激烈的争论，最后，美国人放弃了他们的观点。

在美国和英国领导人各自回国以前，罗斯福总统和丘吉尔首相应邀举行了记者招待会。在招待会上，罗斯福用即兴表演的方式发布了一条令所有参加会议的各国领导人都目瞪口呆的消息，罗斯福总统说："丘吉尔首相和我已经决定，我们将不接受德国、意大利和日本的投降，除非他们的投降是无条件的。"正坐在旁边抽雪茄的温斯顿·丘吉尔被这句突然的话震惊了——这是他第一次听到把"无条件投降"这句话用在目前的战争上。

△ 巴顿将军

丘吉尔清楚地知道，第三帝国迄今为止还是一支令人生畏的力量，刚才的这些话会被理解为是一种挑衅。他确信，在战争胜负未定的时候，给敌人开出苛刻的条件是一个很大的错误。但是，错误已经发生了。丘吉尔不能在记者招待会上，当着大批记者的面拆盟友的台，于是他说，自己确实已经同意了该说法，但是，对这种说法他听到的时间也不长。几分钟内，这条消息就传遍了全世界。

后来，一个英国政府的高级官员对丘吉尔说："除非这种说法有所松动，否则的话，德国会将残酷的战争进行到底。"因为已经在公众面前表了态，丘吉尔听了这话后只能耸耸肩。

美国陆军将军乔治·巴顿是一个桀骜不驯的人，他带领军队参加了北非战争。听了这个消息后，他用几乎发狂的语气对他的密友说："我们的总统是一个伟大的政治家，但是，他妈的，他就从来没有读过历史。他和我们政府里的许多其他人一样，根本不了解德国人。听听这狗屎般的所谓的'无条件投降'，德国人想找继续战争的借口，这就是很好的一个。这将使战线拉得更长，死的人更多，让苏联人占领更大的地盘。"

盟军最高统帅艾森豪威尔将军听到这个消息后大吃一惊，他私下对他的助手说："如果在绞刑架和刺刀之间作选择，就是你也会选择刺刀的。"

在柏林，纳粹的高级官员们都为这条消息感到高兴。希特勒的宣传部长、天才的演说家保罗·约瑟夫·戈培尔博士在柏林的一次纳粹高级集会上说："因为敌人要消灭我们的国家，奴役我们的人民，所以，这场战争已经变成为了国家的存在而进行的战争，为它付出任何代价都是值得的。"全场的欢呼声响彻云霄。

难道富兰克林·罗斯福这个擅长在公众场合发表演说的著名政治家，说出了令人不可思议的胡话——"无条件投降"？或者这场没有排练的新闻发布会是一个由罗斯福和他的高级幕僚策划的计谋，以使丘吉尔答应本不想答应的事？

在罗斯福的政府里，确实有一些人坚持欧洲战争的结束应以第三帝国的灭亡而不是以其被打倒为标志。这些被称为强硬派的主要代表人物有：财政部长亨利·莫耿斯、助理国务卿亨利·迪克特·怀特（Harry Dexter White）、影子幕僚伯纳德·巴赤、国务院的安哥·休斯。

亨利·莫耿斯就住在罗斯福总统海德公园寓所附近，能够经常面见总统。此前，亨利·莫耿斯提出了一套处置战败国德国的方案。按照此方案，德国的重工业将被彻底破坏掉，矿藏将被用水淹没，从而使德国所有的必需品都必须依赖进口。这套方案实际上是使德国变成一个农业国。9000万德国人将被关在一个巨大的集中营里，四周有重兵把守——如果德国人未经允许私自离开的话。

可以想象，罗斯福总统是知道并批准亨利·莫耿斯的计划的。这样的话，罗斯福在卡萨布兰卡那让世人震惊的"无条件投降"的即席宣言是这种背景的产物呢？还是一个标志，一个美国打算不惜任何代价与德国战斗到底的标志呢？

恐怕只有罗斯福、亨利·莫耿斯和其他白宫的高官才知道这个问题的答案。

斯大林长子雅科夫在集中营死亡之谜

　　苏联最高领导人斯大林的大儿子雅科夫·朱加什维利在与德军的激烈交战中被俘，随后惨死在死亡集中营里。战争结束后，没有任何一位知情者透露雅科夫之死的真相，掌握这一真相的美国也因紧跟着发生的美苏冷战而拒绝向苏联方面提供任何相关的情况，因此，雅科夫之死是二次世界大战最大的未解谜团之一，也是二战史学家争论最激烈的话题之一。雅科夫是被德军打死的吗，雅科夫被俘后是否说了对苏联政府不利的话，雅科夫死于英国盟军之手，雅科夫因羞愧撞电网自杀？所有的这些谜团都是世界史学家们想弄清的焦点。60年后，美国政府终于将它所知道的真相告知斯大林的孙女、雅科夫的女儿加利娜。

　　2003年9月11日，俄罗斯首都莫斯科，斯大林的孙女加利娜泪流满面，颤抖着双手从来访的美国助理国防部长杰宁斯的手里接过了一只淡蓝色的文件夹。这份文件夹里记录了加利娜的父亲、斯大林的大儿子雅科夫之死的所有真相！

　　加利娜感慨万千。她爷爷在世的时候，她还小，所以爷爷没有告诉她爸爸之死的真相；她爷爷去世后，一切与斯大林有关的东西都避而不谈，所以她仍然无法知道父亲之死的真相。直到2003年，加利娜有一天读报时突然看到，美国和俄罗斯正在携手寻找二次世界大战和冷战期间两国死亡军人的下落，加利娜立即与俄罗斯和美国有关方面取得联系，因为她知道美国人战后一直掌握她父亲死亡真相的秘密。俄罗斯和美国有关方面对加利娜的请求十分重视，立即开始着手寻找美国各机构所掌握的雅科夫之死的所有情报资料，结果在9·11纪念日这一天，终于将找齐的资料送到了加利娜的手中。

　　美国助理国防部长杰宁斯在移交档案仪式上说："我们美国人今天有幸

能为加利娜提供有关她父亲命运的部分答案，使得她对二次世界大战中不幸死亡的父亲最终的命运有了真正的了解，还有，我们在二次世界大战这场艰苦卓绝的战争中是坚定的盟友，所以我们会永远尊敬那些倒在战场上再也回不了家的英雄们，对英雄的纪念不论什么时候都不算晚！"

一位不愿意透露姓名的美国官员告诉记者说，移交给斯大林孙女的这些一手文件能一扫长期以来就斯大林大儿子被俘后命运的各种争议。

加利娜从美国人手里接过的文件夹里夹着纳粹冲锋队的多份绝密文件、美国国务院的几封加密电报、一份纳粹德军审讯雅科夫时的审讯记录复印件、纳粹冲锋队头领希姆莱亲笔签署的死亡通知书和几份死亡集中营看守和集中营医生的现场描述记录。所有的这些记录都说明，雅科夫在死亡集中营被关押期间表现得十分英勇，从来没有向纳粹德军表现出丝毫的妥协，更没有投降。一份纳粹德军对雅科夫的审讯记录真实再现了斯大林大儿子英雄的一面，这份审讯记录写道：

斯大林的大儿子雅科夫被俘的情况是：斯大林的大儿子雅科夫在战争爆发当天就主动要求入伍，到基层部队，结果他被分配在一个陆军炮兵团当了连长。在激烈的战斗中和同伴失去了联系，最后被俘了……此后，雅科夫被关在牛棚里，和被俘的人挤在一起。牛棚是用木头搭起的，四周围着篱笆，外边设有瞭望台，上面架着机枪，有德军站岗。雅科夫当时还与另一位红军上尉打算天黑后乘乱逃跑，但不等天黑便来了两辆小汽车，车上跳下来一帮德国军官，他们是德军情报部队的。德军情报官要求全体战俘集合，排成四列，然后让其中一个俄军战俘负责识别人，当他走到雅科夫面前时，停下来，指着雅科夫，带着哭声说道："就是他！"德军军官立即朝雅科夫走近两步，带着惊疑的神情问道："你是斯大林的儿子？""是的，我是斯大林的儿子、上尉朱加什维利。"雅科夫平静地说。

斯大林的儿子被押到克鲁格元帅的司令部，立即开始受审。以下是审讯记录：

"你是自愿投降的还是强行被俘的？"

"不，我不是自愿的。要是我能及时发现同自己人失去了联系，我就自杀了。"雅科夫泰然回答。

"你认为当俘虏可耻吗？"

"是的，我认为是可耻的。"

"战争前夕你同你父亲谈过些什么吗？"

"是的，最后一次谈话是在6月22日。"

"那天你们分别时，你父亲都说了些什么？"

"他说：'去战斗吧！'"

"你认为，在这场战争中，你们的军队还有胜利的希望吗？"

"是的。我认为有，斗争将继续下去。"

"假使我们很快拿下莫斯科，迫使你们的政权溃逃，并把一切都控制在我们手里，那时又会怎样呢？"

"我作不出这种设想。"

"要知道，我们离莫斯科不远了，为什么不能设想我们会拿下它？"

"请允许我提一个反问：假使你们将来被包围了呢？这不是没有先例的，你们的部队就曾经被包围和歼灭过。"

雅科夫被俘后究竟是怎么死的？这是世界学术界一直试图解开的疑团之一。有关雅科夫之死有多种说法：

第一种说法是，雅科夫被关押在萨克森豪森集中营，他坚贞不屈，继续斗争。1943年4月11日，他和难友们壮烈牺牲。为表彰他的英勇行为，苏联政府追授他一级卫国勋章。

第二种说法是，雅科夫在得知他父亲1940年在卡廷屠杀了1.5万波兰人而感到羞愧难当，因为根据英国学者埃里克森教授的研究："雅科夫和集中营里的波兰人成了好朋友，而且他们还两次试图越狱，但没有成功。显然，德国报纸1943年披露的关于他父亲屠杀波兰军官的消息使他深受刺激，他为此几近发疯以致结束了生命。"他说："尽管卡廷屠杀发生在1940年，但波兰人的尸体直到1943年3月才被德国人发现。当集中营的一个看守把有关这一发现的报道给雅科夫看时，他嘲笑雅科夫说：'看看你们这些杂种都干了些什么？'他结束了自己的生命。"

第三种说法是，雅科夫是被纳粹看守故意开枪打死的。1942年，斯大林先后两次下令苏联军事情报机构采取营救他儿子的行动。尽管这两次行动均以失败告终，但死亡集中营总是担心雅科夫会出逃或者被营救，所以决定诱杀即将其诱到电网边，然后开枪射杀，从而打击斯大林的意志。

第四种说法是，英国军官对雅科夫百般讥讽，从而将雅科夫逼上绝路。死亡集中营中的英国人同俄国人的关系紧张，因为英国人在德国人面前立正，所以俄国人认为他们是胆小鬼。与四位英国军官——威廉·墨菲、安德鲁·沃尔什、帕特里克·布赖恩和另外一位被称为库欣——发生的冲突进一步加重了朱加什维利的绝望情绪。4月14日，在朱加什维利自杀的前一天，他同一名英国人发生了激烈冲突，因此这被认为是最终导致他采取疯狂逃避行动的原因。

第五种说法是，落入德国人之手的红军战士会被苏联当成叛徒和胆小鬼而遭到排斥，这种心理对雅科夫来说也没有什么两样。因此，绝望的他自杀了。

现在，死亡通知书和现场报告最原始的资料显示，雅科夫是在准备逃离死亡集中营，眼看就要越过电网时，被纳粹看守发现，哨卡上的重机枪疯狂扫射，结果被当场打死的。雅科夫身中至少15发子弹。这个事实使得其他各种各样的说法不攻自破！

加利娜告诉记者说，她最后一次见到父亲是她3岁的时候，也就是战争爆发前不久。父亲和爷爷留给她最深的印象是："他们是天底下最好的亲人！"爷爷斯大林对她疼爱得不得了。

加利娜很想知道为什么这么多年来美国一直不愿意说出她父亲死的真相。在这次移交的文件中，一封美国国务院的绝密电报解答了这个问题。这份电报写道，为免斯大林在得知儿子惨死的细节后太伤心，所以美国和英国决定不能将斯大林大儿子的死亡真相告诉他。

花园里的德国老人之谜

花园里的德国老人是谁呢，他的档案究竟有何秘密？

1945年，强大的盟军在极短的时间内就向前推进了400多英里，直抵德国宽阔而壮观的莱茵河。莱茵河自古就是德国防御西面之敌的天然屏障，于是，在这年3月，希特勒下令炸掉莱茵河上的数十座大桥，以阻止美国、英国及法国军队的进攻。

当时盟军最高统帅艾森豪威尔和他的高级幕僚对在莱茵河上找到一座完整的桥已经不抱任何希望了。但是，在3月6日，当美国第9装甲师B分队领导人威

△ 联邦德国第一界总理克雷德·阿登纳

廉·胡根准将站在雷蒙根镇莱茵河边的悬崖上举目远眺的时候，他简直不敢相信自己的眼睛：就在他脚下的莱茵河上，居然有一座完好的大桥。

胡根并不知道，这座跨度达1000英尺的大桥要不是因为炸药放置不当而没有引爆的话，它也会和其他几十座桥一样早就荡然无存。胡根将军明白，如果能迅速占领它，将会挽救无数美国士兵的生命，同时加速欧洲战争的结束。

一个电话马上找到了约翰·戈雷堡少尉，他是匍式坦克排的排长，来自南加州哥伦比亚，现在离莱茵河很近。

"戈雷堡，拿下这座桥！"将军的命令严厉而又兴奋。

△ 莱茵河上的雷马根鲁登道夫铁桥

　　戈雷堡少尉马上集合坦克排迅速朝那座桥进发。他们行进到雷蒙根镇近郊的时候，看见一个德国老人正在花园里悠闲地工作。一个美国士兵怀疑这个老人是利用他的年龄做掩护的人民党，人民党是希特勒组织起来的保卫德国国境的组织。于是，好战的他在坦克开过去的时候，拿起来复枪，对着老人就开了3枪。这个德国老人赶紧趴在地上躲过了子弹，所幸没有受伤。

　　一会儿，美军就占领了那座大桥，毕业于西点军校的卡尔·逊目曼少尉率先带领他的步兵排跨过了大桥。

　　直到许多年后，约翰·戈雷堡少尉才知道那个趴在地上躲过了3枪的德国老人的身份。这人就是70高龄的克雷德·阿登纳，就在那次枪击事件后的第四年，他当上了联邦德国的总理，并且是美国在北大西洋公约组织中的坚定的同盟。原来每个英雄的背后都有很多传奇的故事、惊险的经历。

希特勒的性别之谜

法西斯头子希特勒一生臭名昭著，然而，正因为其臭名远扬，才让人对他更加感兴趣，甚至对于他的性别问题人们也产生了怀疑。

一位研究者写道："从生理上看，希特勒不是一个仪表堂堂的男子汉，当然更不是理想观念中柏拉图式的伟大军事领袖和新德意志的缔造者。他的身高不及国人的平均高度，臀部宽大而双肩窄小，肌肉松弛且双腿短小，一副纺锤造型。沉重的长筒皮靴和宽大的长裤遮盖着他的臀部。他躯干宽大，但胸脯凹陷，人们说他的军服下填塞着棉花遮掩这一缺陷。"

△ 希特勒

曾在希特勒身边工作了3年的女秘书说希特勒在其情妇面前就像是慈父一般。他喜欢年轻貌美的女性不完全是由于性欲。他喜欢与女人调情，但又考虑调情的后果。他不喜欢别人接触他的身体，甚至连医生的检查他都拒绝。一位西班牙外交官的回忆录中讲述希特勒曾向一位名叫玛杰达的女人透露：他之所以对许多女性在身体上的奉献嗤之以鼻，是因为第一次世界大战中一颗枪弹击中了他的生殖器，造成他性生活的障碍。而一些医学家倾向于认为希特勒是梅毒病患者，他的睾丸被他的私人医生切除了，倘若没有梅毒病使希特勒丧失了性欲这一原因的话，是很难解释清楚希特勒拒绝那么多美貌女性奉献的原因的。

20世纪80年代，民主德国历史学家召集了一个会议，韦丹堡的历史学家史丹普佛宣布他获得了一份材料，证实希特勒并非一个十足的男子，而是一位女性。这份秘密材料是由希特勒过去的副手也就是战犯赫斯的一位友人提供的。在赫斯留下的日记中有许多关于希特勒的个人秘密，如他出生时身体有严重缺憾，后来隐瞒了他的真正性别，一直当做男孩子养大。1916年他在第一次世界大战中受伤，军医发现他的生理构造类似女性，但希特勒冒充男性生活。因此他不得不经常服用雄性荷尔蒙，并且采用种种隐瞒的办法。所以他命令人把他的家庭日记、健康记录和军旅生活记载全部销毁。这些个人秘密，只有赫斯、希特勒的情妇爱娃·布朗、他的私人医生以及几个贴身仆人知晓。

希特勒的性别究竟是男是女，我们还没有确凿的证据，只是为对二战感兴趣的人提供了一个新的话题。这使我们联想到金庸小说中的东方不败为求一统江湖而变得不男不女，最终落得一个悲惨的下场，这与力求统一全世界的战争狂人希特勒似乎有些相同之处。

德国百万战俘死亡之谜

　　詹姆士·巴克切在其《其他的损失》一书中宣称，在二战结束前后，在所谓"解放"欧洲大陆的美国军队的战俘营里，有接近一百万德国武装部队战俘由于饥饿和美军的故意虐待而死亡。美国人虐待俘虏的惊人内幕由此被揭开。而在此之前，美国人的"人道主义战俘营"曾经吸引了大批东线德军，德国军人"宁可向美国人投降，也不做俄国俘虏"的口号更曾经是西方卫道士津津乐道的话题。

　　虐待俘虏的缘起还要从那个被众多媒体热炒的诺曼底登陆事件说起。在美国军队于1944年6月6日发起对西欧的入侵之前，落入西方军队手中的德国俘虏数字还不算太多，在美国本土一共只拘押了135，796人（不包括日本人和意大利人）。但在诺曼底登陆后，随着德国武装部队在东西两线的全面崩溃，大批德军在战场被俘。

　　另外，由于某些德国将军们的别有用心，以及大多数德国军人对于西方，尤其是美国人可能对他们予以优待的幻想，在西线，特别在战争结束前后，有大批德军主动向美英军队投降，甚至不少东线德军也穿越战线，寻求西方的庇护。按照盟军最高司令部俘获德军人数的每日报告累计，从1944年6月12日到1945年5月18日，共有5480367人落入西方军队手中，这个数字当中还不包括在地中海战区被俘和投降的德国武装部队成员。有数据认为，总共有7856600名德国军人成为西方军队的俘虏，其中约250余万人落入英联邦军队之手，还有约520万人则落入美国人手中。德国俘虏中的大部分是在战争结束前后主动投降的。

　　如此众多的德国战俘，如何对待他们自然成为西方军队首脑们需要认真对待的问题。根据1929年7月27日签订的日内瓦战俘待遇公约第三部《在押战俘》的相关规定，俘虏应该被关押在卫生且气候适宜的地区，战俘所居住的房屋或营棚应符合拘留国安置自身部队的相同卫生条件，战俘的口粮在量和质方面应与拘留国部队相同。美国、英国、德国均在战前签署，加入并批准了该公约。给予对方战俘维持生存的基本生活资料，不加以杀戮和虐待，是日内瓦公约签字国最基本的义务。应当说，英国人倒是基本按照日内瓦公约对待俘虏：德国战俘在饮食、住宿等基本生活条件方面和英军享有的条件基本一致，而且还可以和家人通信，红十字会对战俘营的定期访问也没有遭到禁止。

当时担任欧洲盟军最高统帅部司令，后来成为美国总统的艾森豪威尔将军对保守的英国人那套循规蹈矩的做法不以为然。这位美国人决心让欧洲人好好领教领教美国的战俘"新思维"。为此，在1945年4月，艾森豪威尔提出如下建议"德国的战俘可分成两种类型：第一种，投降的战俘；第二种，缴了械的敌对武装力量。第一类人，可按日内瓦战俘公约处理。第二类人，则仍旧按敌对武装力量处理"。换句话说，第二类人变成了不能享受战俘待遇的缴了械的敌对武装力量。按照艾森豪威尔的这种解释，这些德国人就算杀掉也无不可。

艾森豪威尔的建议很快得到了落实。到了1945年8月，也就是欧洲战争结束后大约3个月，几乎所有的德国战俘都变成了"缴了械的敌对武装力量"。保守的英国人无法适应"人权维护者"的这套"新思维"，美国人只好自行其是。于是，在1945年5月还被国际红十字会的材料认为是除受伤者外，健康状况良好的绝大多数德国战俘，很快就变成了垂死的饿殍。

后来，一个美军战俘营卫兵在他的《艾森豪威尔的死亡战俘营》一文中，回忆了在莱茵河附近的一座关押德军的战俘营中的见闻：5万多名德国俘虏被带刺的铁丝网圈在无遮无掩的野地上，他们被迫在潮湿多雨而且寒冷的天气里，在泥地上睡觉。吃得饱饱的美国士兵眼看着德国人吃着用野草做成的汤，同时在没有厕所的情况下，像畜生一样在自己的粪便中睡觉，然后开始慢慢地悲惨死去。当有些美国士兵将食物扔过铁丝网后，美国军官们甚至威胁要枪毙这些"不守纪律"的战友和部下。而当德国妇女们向铁丝网那边的德军战俘们投掷食物时，美国军官则玩起了真格的，一直把枪里的子弹全部打完才肯罢手，他们把这叫做"打靶训练"。纳粹德军在东部战线对付苏联战俘和敢于向他们提供食物的苏联平民的手段，美国军人无师自通地全会了。

上述情况在美国人的众多德军战俘营非但不罕见，而且是极其普遍。众多见证人描绘的不同的美军的战俘营，几乎全都是一个模子刻出来的。德国的战俘们被赶到露天下用铁丝网围起来的黄土坡上，既没有给他们营建遮蔽风雨和太阳的房屋和帐篷，也没有提供有树荫的场所，甚至连一床毯子都没有。在多数情况下，德军战俘只能自己用手在地上刨洞，然后像地老鼠一般蜷在里面躲避风雨和烈日的侵袭。而那些身体孱弱、无力刨洞的人，就只能在露天里任凭风吹雨打。为了抵抗彻骨的寒冷，唯一的解决之道就是一堆人挤在一起以彼此的体温取暖。但那些有洞住的人有时也不值得羡慕，碰上大雨，土洞的泥土松动而塌方，他们就被活埋在里面。

在这样的战俘营里，在连厕所、甚至粪坑都没有的情况下，拥有基本的卫生条件自然成了奢望。上面那位美国卫兵描绘的德国战俘在粪便中睡觉的"风景"也是随处可见。两位曾经在美军驻欧洲医疗队工作的医生有过类似的回忆："大约10万名衣衫褴褛的人挤在齐膝盖深的泥浆里，肮脏、憔悴、瘦弱、目光无神……"而这些躺在泥地上的人往往全身沾满自己的大便。在这样的情况下，痢疾、伤寒、坏疽和肺炎等恶性疾病迅速在战俘营中蔓延。而最致命的杀手——饥饿，更是将众多德国战俘送上黄泉之路。

于是，大量的战俘就这样消失了。在这种情况下，詹姆士·巴克切所谓"百万战俘死亡之说是否准确，已不重要，重要的是大量德国俘虏死去的事实已足以说明，美国人在虐待俘虏，而且是始无前例、惨不忍睹的"。

加加林死亡之谜

1968年3月27日，人类历史上第一个进入太空的宇航员尤里·加加林因飞机失事而身亡。多年来，对于加加林的死因有多种版本，俄国媒体有一种新说法：加加林乘坐的米格-15歼击机突然坠毁，是因为飞机上另一名飞行员、飞行教官弗拉基米尔·谢寥金很可能突然发生了心脏病，加加林措手不及之下导致坠机。1961年4月12日，苏联宇航员尤里·加加林乘坐"东方一号"宇宙飞船围绕地球完成了一次完整的轨道飞行，从而使他成了人类历史上第一个进入太空的人。然而不幸的是，1968年3月27日，年仅34岁的加加林却在一次普通的歼击机飞行训练

△ 加加林

中坠机遇难！当天清晨，一批苏联宇航员前往莫斯科郊外的契卡洛夫斯基航天场进行米格-15歼击机的飞行训练。在几名宇航员中，加加林第一个驾机起飞，与他一起驾驶这架飞机的人是他的飞行教官、航空团副团长弗拉基米尔·谢廖金。加加林和谢寥金于10点19分驾机起飞，几分钟后训练完毕，地面机场调度员听到加加林请求返航的声音，可是紧接着，地面塔台就失去了加加林的消息，接着加加林和谢寥金驾驶的飞机已经坠毁在了离航天场不远处的弗拉基米尔新村附近。

一、死因的不同版本

"太空第一人"死于飞机坠毁的消息震惊了全世界，苏联为此专门成立

了特别事故调查委员会，对在事故现场找到的米格-15碎片进行详细分析，最后调查人员确认：飞机在与地面碰撞前，所有系统都工作正常。一时间，针对飞机坠毁的原因出现了20多种不同版本的猜测：有人怀疑飞机在空中发生了爆炸，有人怀疑是机舱密封出了问题，也有人称可能是异物进入了发动机，甚至还有人认为加加林和谢廖金是在饮酒后上飞机的，苏联航天飞行医务委员会对这一说法立即予以了坚决否认。此外，由于加加林飞行区域内竟然有20多个气象气球，因此有人怀疑加加林所乘的飞机是与一只气球碰撞后失事的。还有另外一些人则怀疑加加林是被人害死的，同事犯心脏病要了他的命。

调查发现，那架米格-15歼击机是在离地面250～300米的时候，垂直俯冲着坠毁的，两名飞行员之所以死亡，正是因为他们无法及时使飞机摆脱俯冲状态。因此一些专家怀疑，飞机失事很可能是由米格-15歼击机的螺旋器掉落而造成的。然而，俄罗斯媒体又传出另一个"失事原因"版本，该版本称，加加林的死亡应该归咎于机上另一名飞行员谢廖金糟糕的健康状态，报道称，谢廖金的心脏有问题，他很可能在飞机上突然遭遇了心脏病，一下子失去了知觉，加加林措手不及之下无法控制飞机，米格-15歼击机于是像炮弹一样向地面坠去。加加林本来可以利用弹射装置挽救自己的生命，但他显然不愿意放弃飞机，于是一起罹难。

二、进入太空带了"三份声明"

加加林在驾驶"东方1号"飞行中也曾遭遇过险情：当他从太空返回地面进入大气层时，他所乘坐的下降装置一时竟无法与飞船脱离，加加林折腾了10多分钟才得以脱离险境！当加加林乘坐"东方1号"飞船进入太空后，苏联曾提前准备了"三份声明"，准备按情况变化所需，挑选其中一份向全世界广播。据报道，第一份属于"胜利的声明"，那是为加加林成功进入太空和返航而准备的；第二份声明是"故障声明"，它会告诉全世界，"东方一号"飞船出了点问题，遭遇了某些失败，但加加林还活着；第三份声明显然是加加林的"死讯"，它是为"太空第一人"万一遇难而准备的。推测只是推测，但随着技术的不断完善和调查的继续深入，我们相信第一宇宙人加加林的死因会完整的呈现在世人面前。

凡·高开枪自杀是精神失常了吗

现代印象派绘画艺术的杰出代表——凡·高，具有非凡的绘画才能，他的绘画作品在他死后才被世人视为珍品，他也由此享誉全球。然而他生前命运多舛，贫困、疾病、饥饿以及天才的不如意使得凡·高的境遇十分凄惨。最后，在1890年6月29日他开枪自杀，因伤重不治而亡，年仅36岁。

△ 凡·高自画像

近年来，随着对凡·高所代表的印象派绘画艺术欣赏和理解的人的增多，有关凡·高生平的研究也得到越来越多的关注和重视。这位艺术家的死一时成了人们关注的焦点。他选择以自杀的方式离开这个世界究竟是出于什么原因呢？有一点似乎非常明显，这是他的精神失去控制后，在失常情况下所采取的非理智行为。可是，凡·高精神失常的原因又是什么呢？

对这个问题的探讨早已在文化界、艺术界乃至化学界、医学界的专家和学者们中激烈的展开了。

从不同的角度出发，学者们提出了许多不同的观点。

这些观点一般分为两大类：第一类是由医学界、化学界的专家所持的自然原因观点。他们从凡·高的生前嗜好、日常活动和生理疾病着眼，作出了不尽相同的解释；一些人认为：凡·高的精神系统被他的一些不良生活习惯严重地损害了，这直接导致他因失去控制而自杀。他们指出凡·高生前非常喜欢喝艾酒，而艾酒内含有对动物神经组织极为有害的物质岩柏酮，饮艾酒成了他的癖好，这严重伤害了他的神经系统。有大量的证据表明，凡·高体内含有相当惊人的高浓度的岩柏酮。他去世后一年，他的棺椁就被种植在他坟墓上的一棵喜欢岩柏酮的小树的树根紧紧包裹起来，后来为他移坟的人被迫连此树一起移走。也有人认为，凡·高有癫痫症，为了治疗而长期使用对神经系统有麻痹作用的药物洋地黄，最终因这种药物的中毒而导致神经损坏。

第二类观点认为，社会原因造成凡·高的精神失常。一种说法是：凡·高精神崩溃而自杀是因为对心理疾病和自身生理感到恐惧和羞愧。直至最后，持这种观点的人在大量研究历史资料后指出：凡·高死前不但患有严重的青光眼，而且还患有梅毒症。他自己也清楚，他不久将失去对画家来说最珍贵的视力，而且，他也有很强的"恋母情结"。这给他很大的精神压力，终使他不堪重负而崩溃。也有很多的艺术、文学界人士是从思想方面找寻原因的。他们认为，凡·高的一生虽然短暂，但历经了太多的磨难。他干过9种职业，四处颠沛流离，饱经了生活的艰辛和世道的不公。他渴望去拯救那些劳苦大众，可现实总是粉碎他的理想。这就足以使他对生活不再抱有希望。作为艺术家，绘画是他的生命。而且，他有极高的天分，极强的创造力。他从事绘画不过7年，就创作了大量水平极高的作品。可是在那个时代，世人并不理解和认识他所代表的艺术风格，因此作品一点销路也没有。在他生前，只有一两幅画被售出，以至于他不得不依靠弟弟的不断资助来维持生活。他本来已经脆弱的神经被这些无情的现实极大地撞击着，终于不堪重负，所以他才选择用自杀的方式逃避这个没有给他带来什么温暖和快乐的世界。

也许，单纯从某个角度来分析凡·高精神失常的原因都有失偏颇，如果能综合而全面地分析凡·高，可能会得出对他死因的最好的解释。不管如何，这位画家总算在死后能安息了。他的才华和作品得到了社会的认可，并将千秋万代地传下去，成为一份宝贵的财富。

玛丽莲·梦露死亡之谜

好莱坞一代性感巨星玛丽莲·梦露虽早已于1962年猝逝，但究竟是自杀还是被谋杀，因为此案牵涉到美国的大人物约翰·肯尼迪总统和他的弟弟罗伯特·肯尼迪，几十年来，一直是个未能真相大白的谜。前谜未解，后谜迭起。消息传来，有人在澳洲西部的纽迪基镇附近看见过梦露。这是怎么回事，梦露究竟死了没有？

△ 玛丽莲·梦露

玛丽莲·梦露在拍《七年之痒》时，已经和棒球明星狄马乔结婚了。据说，他们是1952年结识的。当时她正在参拍《不用敲门》。朋友介绍她和狄马乔认识之前，她从来没有看过棒球，也不知道狄马乔是何许人，只是一个劲地望着狄马乔笑。狄马乔身高1.99米，是美国第一位年薪10万美元的棒球明星，1949年10月1日纽约扬基棒球场举行"狄马乔日"时，有7万球迷拥进球场向他欢呼。甚至连海明威的名著《老人与海》里，也一再提到狄马乔，崇拜之情，溢于言表。狄马乔和梦露结婚时，已从棒坛退休3年，但英名犹在，他俩结合，当然是国际级的新闻，可是婚姻仅维持了9个月，于1954年10月告吹。

与狄马乔分手不久，梦露便与美国著名剧作家亚瑟·米勒相爱了。不久，"美国最漂亮的女人与美国最聪明的男人"结成了夫妇。这次婚配从1956年持续到1962年1月，可是这桩婚事也很快出现了裂痕。1960年11月，梦露与米勒宣布"友好地分居"，1962年1月终于正式离婚。两个月后，梦露因为精神分裂企图自杀未成，被送进纽约的一家医院，不久又因胆囊炎接受手术。

这段时间，狄马乔难忘旧情，常常来探病。这一年，梦露很少工作，据说她正忙着谈恋爱，对方是美国总统约翰·肯尼迪。爱情在避开众人耳目的地方快速滋长，这也是梦露人生的最后一年。在这段极具传奇性与罗曼蒂克的秘史中，扮演关键角色的不是别人，而是肯尼迪的妹夫彼得·劳福。彼得不但把肯尼迪介绍给梦露，甚至还把他在加州的海滨别墅作为他们约会的地点。彼得让梦露戴一顶棕色假发，并交给她一个笔记本和一支钢笔。然后，她以彼得私人秘书的身份潜入肯尼迪住处，这项以秘书作掩护的策略非常成功。一般人对彼得非常好奇，因此注意力常集中在他身上，在这种情形之下，梦露反而不会被人注意。在这段时间里，梦露的身边留有肯尼迪的私人电话号码。这条线是通到白宫的个人住宅，这一事实更加强了梦露的信心，她认为这一段艳情绝非一般的逢场作戏。由于她有了肯尼迪的私人电话号码，而且可以随时与他谈悄悄话，因此使梦露心里产生一种幻想，以为肯尼迪会跟他的太太离婚。她的想法是，肯尼迪将在总统第一任期届满之前娶她为老婆，而以肯尼迪的声望，再干四年有如探囊取物，因此，她在这后四年中，就可以当上美国第一夫人了。显然，她这个想法是极不清醒的，这使她陷入了爱情和政治的旋涡，并付出了生命的代价。

当时肯尼迪正忙于选举，他不能考虑和梦露的婚事，于是把她推给了他的弟弟罗伯特·肯尼迪。后者同样基于政治上的考虑，也不可能和梦露保持公开的、长久的关系。肯尼迪兄弟的政敌正死死地盯住他们，他们又岂能为一个女演员断送自己的政治前途，而他们和梦露的艳遇不过是逢场作戏而已。梦露在这场爱情游戏中，注定是失败者。梦露的幻想又一次破灭了。这些现实中的男人太虚伪了，太多变了。但是他们也太强大了，在他们面前她只能是弱者。梦露在心理医生格林森大夫的指导下重返影坛，回到福克斯公司拍摄影片《得与失》。但她仍被疑心病困扰，经常迟到早退。同事们向导演诉苦不迭，说她"女主角看上去像一只病病歪歪的猫"。导演开始似乎还理解和支持她，希望她能留在摄制组里，但听说她准备请假出席5月19日肯尼迪总统的生日庆典聚会时，便不禁失去了耐心，争吵的结果，梦露丢掉了工作。

尽管梦露在2000多人出席的肯尼迪生日聚会上出足了风头，但是此后她却无所事事，终日徘徊在冷水峡公园。百无聊赖之中，她不禁勾起对旧日朋友的思念。梦露通过公用电话，提心吊胆地乞求狄马乔前来会面。当他俩坐在海滩上时，梦露掏出一个红色小笔记本。她读了本中的内容，狄马乔不禁惊恐万分。原来梦露在本中记录了罗伯特·肯尼迪告诉她的许多事情，这些显然都是超级机密。梦露在一个"谋杀"项目中记录了罗伯特·肯尼迪曾雇用一伙杀手，执行某些"肮脏下流的勾当"。她在另一项中写道："罗伯特告诉我，他将刺杀卡斯特罗。"这条消息在当时显然是极其危险的。笔记本中还记着："罗伯特告诉我，他要把吉米·霍法（美国运输工会头头，肯尼迪兄弟的仇人）这个婊子养的送进监狱……"这时，狄马乔明白了，梦露为什么如此惶惶不安。当他所知罗伯特原来许诺要和梦露结婚，如今又切断了与她的电话联系时，心中又是一惊。1962年7月，梦露频频给华盛顿司法部打电话，但一直无法接到罗伯特那里。她被告知，不要再纠缠罗伯特，然而她不明白为何遭到遗弃。狄马乔告诫梦露，绝对不要对任何人提起笔记本上的内容。但她还是给狄马乔挂了电话，并且声称："我已经动用了笔记本，我将公开里面的每一件事情。"8月4日早晨，摄影师拉里·席勒上门与梦露讨论《花花公子》杂志预约的拍照问题，见梦露红光满面，似乎"根本没有任何烦恼"。但从那时起，事情进展就显得神奇莫测了。大约下午5时，格林森大夫来访并和梦露一起待在卧室里近两小时。当晚，大夫要求女管家穆拉里太太破例寄宿在梦露家里。大约晚上8点，梦露说："晚安，穆拉里太太，我该上床睡了。"说完便关上了卧室的门。据穆拉里太太说这是她见到梦露生前的最后一眼。

1962年8月5日清晨4点25分，洛杉矶西区警察局值班警官杰方·克莱蒙斯突然接到一个令人难以置信的电话：好莱坞影星玛丽莲·梦露死了。当警察匆忙赶到时，梦露家里已聚集了一大群人。除了她的女管家穆拉里太太外，还有梦露的精神分析医生格林森大夫和私人医生恩格尔伯格等。梦露平躺在卧室的床上，一丝不挂，早已玉陨香消了。据穆格里太太说，梦露是午夜12时出事的。她急中生智，先给格林森大夫挂了电话。大夫砸窗进屋，发现这位名噪一时的"性感明星"已经开始"尸僵"。不一会儿，恩格尔伯格大夫也赶到了。他确证梦露已经死亡。但杰克警官大为不解的是，这些人为何在出事4小时以后才向警察局报案，而两位医生所宣布的死因更使他疑云丛生：梦露可能死于巴比妥过量。他作了如下记录：玛丽莲·梦露两腿平行伸直，显而易见是一种摆弄的姿势。因巴比妥过量的死亡者，在失去知觉的最后一刻，往往由于疼痛反复扭拧，死时无法平直安详地告别人世。可见这决不是自杀。

然而，没等杰克有继续侦查的机会，警察局长威廉·帕克就断然作出了自杀的结论。在正式讯问的时候，证人们又改变了他们的时间顺序，穆拉里太太不是在半夜，而是在3点30分打电话给格林森大夫的，然后格林森和恩格尔伯格相继赶到，并宣布梦露小姐死于3点35分，一切都发生在"5分钟"之内。警察局长认为这一案件可以结案了，他认为，调查梦露死前两个月内的电话记录毫无意义，他甚至不想对此保密，轻率地将它透露给新闻记者们。报纸的专栏作家缪尔得悉，7月份梦露曾给罗伯特挂过几次电话。梦露死后，警方没有发现自杀的遗书。尸检由汤姆斯·诺古奇医生执行，他发现梦露的血和肝里有浓度较高的巴比妥，而她的胃里却毫无此药的痕迹。这表明，毒物绕过了胃，也就是说，进行了注射，但在卧室里并没有发现注射器。

狄马乔在私家侦探米洛·斯珀格里奥的帮助下调查了此事。他发现许多蹊跷之处，其中之一是，罗伯特·肯尼迪在梦露死前一天下午曾探访过她。但官方却说，那个周末罗伯特和律师一直待在旧金山的私人牧场里。狄马乔还听说洛杉矶警察局曾保存过一份长达723页的《玛丽莲·梦露谋杀案》卷宗。卷宗中有一份罗伯特·肯尼迪的声明。他在声明中，承认在梦露设法和他通话后，他星期六下午曾拜访过她。当时，梦露非常愤怒地对他进行了攻击，但他制伏了她。随行的医生为使梦露冷静下来，给她打了一针。罗伯特还在证词中说，卷入梦露事件是他哥哥约翰而不是他，他是奉总统之命前来探访梦露的，事后即去彼得·劳福家。这份卷宗如今下落不明。彼得太太也矢口否认罗伯特·肯尼迪曾在梦露死前到过她家。

肯定有人在撒谎。但许多当事人和见证人都已撒手而去。梦露死了，约翰死了，罗伯特死了，彼得也死了。事至如今，可以肯定，在玛丽莲·梦露去世后的几小时至几天内，一切努力都是为了保证罗伯特·肯尼迪的名字不致出现于报端。警察局长帕克的行动正是这一努力中的小小环节。还有那本神秘的笔记本，梦露死后就不见了。据猜测，这本笔记本可以证明梦露的死因。1962年，有人愿意向任何一位能提供这本笔记本的人支付8万美元，如果谁能证明罗伯特或中央情报局杀死梦露，也可以得到同样的奖赏。另一个至关重要的问题是星期六下午5至7时格林森大夫和梦露谈话的内容。格林森拒绝泄露任何秘密。但他和地方检察官讨论过这一情况。据检察官讲，格林森"不同意梦露自杀"的说法。由于职业道德，检察官也拒绝披露这一秘密。因此，玛丽莲·梦露的死亡笼罩在一片迷雾之中。一位记者曾对格林森大夫进行了电话采访，问及星期六下午他和梦露的谈话内容。老态龙钟的格林森大夫彬彬有礼地告诉记者："我不能透露我不想透露的事情，以此来为我自己开脱。我一旦开口，那将是一场可怕的灾难。听着——那将涉及罗伯特·肯尼迪。"

梦露去世之后，一直都有不少传言，主要说她当年其实绝非死于自杀，而是死于某些不想她透露某些秘密的人的毒手。而最近，澳大利亚更加石破天惊地传出：当年的梦露，其实根本就没有自杀，而且"死后"还被安排与当地一个牧羊人结婚，活至如今。传出这个惊人消息的，是一名澳洲退休侦探乔治·海登。据说，乔治·海登曾在肯尼迪兄弟的指使下，以瞒天过海的手法，假传梦露自杀身故的消息，之后，再将梦露偷运出美国国境，安排到澳洲定居。乔治·海登生前一直将这个20世纪最大的秘密隐瞒着。直到这位82岁的老人临危时，才将他的儿子泰默菲召到医院的病榻前说："爹想在仍然清醒的情况下说出这件事。要用录音机，才肯将整件事的真相道出，空口无凭，所以特别要将我的话录音，作为证据。"他说，"当罗伯特·肯尼迪向玛丽莲·梦露提出分手时，梦露整个人登时陷入崩溃状态，在绝望中，她对罗伯特恫吓，要召开记者招待会，将她与他们兄弟俩先后同床的事公布天下。而事实上，肯尼迪兄弟也确实曾多次让梦露伪装成各式各样的人物，偷偷潜入白宫与他们兄弟俩鬼混，甚至连保安人员也被瞒过，以为梦露只是他们兄弟俩的众多普通女性玩物之一。"海登回忆道，"梦露与约翰·肯尼迪的关系只是逢场作戏，她只不过想尝一尝与美国总统上床的滋味。但她对罗伯特·肯尼迪却是认真的。但当罗伯特·肯尼迪要与她终止这段露水情缘时，她便失去自控。"他说，梦露的房子早已被中央情报局和联邦调查局偷偷装上窃听器，当他们听到梦露跟她的好友透露，要大曝肯尼迪兄弟的风流账时，他们马上便在第一时间采取了行动。肯尼迪总统很清楚，若梦露真的大曝内幕的话，他的政治前途将会尽毁。依据乔治·海登现在存放在澳洲一家银行保险箱的录音带的透露，在罗伯特·肯尼迪获悉这个消息之后，他便毫不犹豫地提议用他一贯对付黑手党"大阿哥"的方法，将梦露送到一个远离美国的地方，以免她碍了他们的大事。就这样，梦露在他们兄弟俩的安排下，服下大量镇静药物，并随即送上一架前往澳洲的飞机；另外，特工人员亦负责安排梦露的假死消息，以移花接木的手法，将另一个人的尸体充作梦露，在美国万千伤心影迷面前下葬。

海登追忆，到了澳洲之后，特工人员利用在"朝鲜战争"时最常用的一种洗脑方法，替梦露洗脑。海登说："与此同时，他们不断给她服用一些药物，令她在短短两个月之内，整个人的思想完全崩溃。"当梦露完全丧失以前的所有记忆后，特工再刻意安排她与当地一个牧羊人结婚，而从此之后，便在多见树林少见邻人的一个小镇度过余生。梦露藏身的这个小镇，离西澳洲的纽迪基镇不远。在中央情报局的要求下，澳洲特工特别为梦露伪造了一个全新身份，并改名为芭芭拉。而此后的25年，在西澳洲纽迪基镇附近，便一直有一个上年纪的外貌近似梦露的女人时常在镇上出现。

谁是杀害普希金的真正凶手

普希金是俄国文学史上最伟大的诗人，然而这么一个伟大的诗人，俄罗斯人民的骄傲，却是死在一场决斗之中，而且决斗的对手竟是一个庸俗不堪的法国流亡者。倘若没有这场决斗，这位法国人终生将不为人知；但是他沾了诗人的光，让人记住了他的名字：法国流亡者丹特士。

诗人死了，给我们留下遗憾的同时，也给我们留下了无尽的疑惑：他为什么要和丹特士决斗，诗人真正的死因是什么，到底谁是杀害诗人的真凶？人们普遍认为，普希金的死与三个人有着密切关系：丹特士、普希金的妻子娜塔丽娅和沙皇尼古拉一世，其中娜塔丽娅起着关键作用。

娜塔丽娅是莫斯科公认的第一美人，当普希金第一次在舞会上与其相见，便深深迷上了她。当时诗人声望如日中天，加上又是贵族出身，因此有无数美人贵妇迷恋着他，但是娜塔丽娅好比是出水芙蓉，娇艳欲滴，在众多女子中脱颖而出，诗人迅速拜倒在她的石榴裙下。在诗人的苦苦追求之下，娜塔丽娅终于心动，他们在1831年2月结婚。他们的婚姻轰动一时，几乎所有的人都认为他们是"才子佳人"、"郎才女貌"的一对。但谁也没有想到，六年之后，诗人便因为这个女人招来了杀身之祸。

现在，随着研究者不断地挖掘资料，人们怀疑沙皇尼古拉一世是这场决斗的幕后操纵者。那么沙皇为什么要除去诗人普希金呢？原因有两个：

第一，因为普希金的诗歌和小说宣扬自由民主，同情十二月党人起义，引起沙皇的强烈不满。他原来曾将普希金流放，但诗人影响力却越来越大，最后他又假惺惺地将普希金召回莫斯科，并册封他为御前侍卫，企图借以收买诗人。但是诗人软硬不吃，继续歌唱自由，反对暴政。沙皇恼羞成怒，又不能光明正大地处死普希金，于是让丹特士去勾引娜塔丽娅，并促使他们进行决斗。

第二个原因是沙皇觊觎普希金妻子的美貌。因为普希金身为侍卫，不得不常常带着妻子参加皇室舞会，沙皇是个好色之徒，于是寻找种种借口和娜塔丽娅接近，处在丈夫地位的普希金，自然成为上流社会的笑柄，于是便警惕妻子的行为，不让沙皇得逞。而沙皇既有了这种卑鄙的念头，又加上普希金在政治上不驯服，于是就设计杀害了诗人。

据说，在普希金和丹特士决斗之前，有人将这件事报告了沙皇，要求沙皇下令阻止这场决斗，因为只有皇帝的命令才能取消这种西方贵族式的决斗。沙皇口头上痛快地答应了，但暗地里却故意告诉送信人错误的地址，等使者捧着诏书赶到时，诗人已倒在血泊之中。

还有一种说法，也相当可信。普希金妻子娜塔丽娅生活放荡，她轻佻行为令诗人蒙羞，致使诗人为爱情和名誉而死。

曾经发生过这样一件事：有一次，娜塔丽娅在客人的面前，要求丈夫在她的影集上题诗，普希金对这种庸俗的行为感到十分厌恶，回答说："我不是相册上的撰文专家。"娜塔丽娅当众大喊大叫，普希金只得给她题了一首诗，这首赞美妻子美丽的小诗被客人争相吟诵。正当娜塔丽娅沉浸在虚荣心带来的喜悦中时，一位客人突然大叫："我的天，这是什么？"娜塔丽娅接过一瞧，着了魔般将影集扔出门外。原来，普希金在诗后写上了愚人节的日子——4月1日。

娜塔丽娅对普希金深为不满，于是频频在舞会上卖弄风骚，并接受许多男人的殷勤，毫无顾忌地与他们打情骂俏，尤其是在身高190公分、英俊的丹特士出现后，她的举止越来越离谱。终于有一天普希金收到了一个纸袋，里面装着三封"绿帽子协会"寄给他的成员证书，任命他为绿帽子协会主席的助手。顿时普希金成为上流社会的笑料，为维护尊严，他不得不选择了决斗。

诗人是那么早地死去了，人们期待着研究者能够发掘更多的材料，以便揭开这位诗人之死的谜团。

拉丁字母表是如何产生的

略微熟悉西方语言的人都知道，与中国的方块汉字不同，欧洲国家采用的是字母文字。而字母文字的基础则是拉丁字母表。拉丁字母表是罗马文明对世界文明进程的一项伟大贡献。自从字母表发明之后，罗马人得以把拉丁文化迅速通过书籍的形式普及到各个阶层民众，同时大大加速了罗马境内各国之间的交流和融合。更为重要的是，它不仅成为像意大利语、西班牙语、法语和罗马尼亚语等罗曼语族的基础，并且为英语、德语等日耳曼语族所承袭，一些斯拉夫语族的天主教各国，如捷克、波兰、克罗地亚等国家也利用它创造了自己的文字。

可是，如此重要的拉丁字母表是如何产生的呢？要回答这个问题，还是先了解一下字母文字的历史吧。我们现在知道，字母文字并不是世界上最早的文字，目前世界上公认的最早的文字有六种，分别是埃及的象形文字、中国的甲骨文字、克里特的线形文字、西亚的楔形文字、印度的哈拉巴文字和墨西哥的玛雅文字。这些文字都不是字母文字。学界普遍认为，字母文字的出现当在这六种文字之后。至于字母文字的首创者，根据古希腊和古罗马文献的记载，有五个民族最有可能，分别是：腓尼基人、亚述人、埃及人、克里特人、希伯来人。而这些民族大多居住在东方，因此学者们普遍认为字母文字的产生，一定是受到东方文化的熏陶。

人们已经基本上形成了一个共识：腓尼基人最有可能是最早发明字母文字的民族。字母表的出现可以追溯到公元前1400年左右，那时候，位于叙利亚海岸的乌加里特人发明了一种字母表，用的是30个楔形符号，但是并没有流传开来。到了公元前12世纪，腓尼基人参照埃及的象形文字，创造出用22个辅音字母表示的文字，这是最早的线形字母表。现代欧洲各国

𐤀	'aleph	[']		lamedh	[l]
	beth	[b]		mem	[m]
	gimmel	[g]		nun	[n]
	daleth	[d]		samekh	[s]
	he	[h]		'ayin	[']
	waw	[w]		pe	[p]
	zayin	[z]		tsade	[ṣ]
	heth	[ḥ]		qoph	[q]
	teth	[ṭ]		reš	[r]
	yodh	[y]		šin	[š]
	kaph	[k]		taw	[t]

△ 腓尼基

的字母差不多都来源于腓尼基字母。

考古学家在希腊地区的克诺索斯的一个墓穴里发现了公元前900年的腓尼基文字，这说明在古代腓尼基人和居住于爱琴海地区的希腊人有着一定的文化往来。据此学者们推断，大约在公元前9世纪中期，希腊商人在和腓尼基人的交往中学会了线形字母表，并最终发展为有24个字母的希腊字母表。

现在关键的问题是，希腊字母表是如何发展成为拉丁字母表的？对于这个问题，历来众说纷纭，莫衷一是，现介绍几种典型的观点如下：

一种意见认为，希腊字母表在开始时就存在两个分支：东部和西部两个变体。这是由于当时各城邦之间的分割所造成的，后来变体再生出变体，于是大大小小的分支便有很多。而位于坎帕尼亚的库迈城的希腊字母表也是其中较大的一个分支。据考古学家发现，古时候的拉丁字母表只有20个字母（没有G、J、U、W、Y、Z），这与库迈城字母表是一致的，并且两者在形式上也很相似，于是人们就认为拉丁字母表直接借用了库迈城字母表。

还有一种意见认为，古希腊字母表的确存在许多分支，但是其中最大两个分支是西里尔字母表和艾特鲁斯坎字母表。西里尔字母表后来成为俄语、乌克兰语、保加利亚语等诸民族文字的基础，而艾特鲁斯坎字母表则发展成为拉丁字母表。罗马强大之后，首先从艾特鲁斯坎人那里借用了21个字母，后来又从其他分支里吸收了Y、Z，而当时并没有J、V，直到中世纪时才发明这两个字母，当时就用I、U来代替书写，这颇同于中国古代的造字法"假借"，后来拉丁字母表又从罗曼语言中吸收了一个W，这样26个字母就齐全了。

另有人认为，每个字母的产生都有一个复杂的过程，因此应该从每个字母的起源上来追寻拉丁字母表的产生，而不应该泛泛而谈。他们认为每个字母的最初起源是神秘的，至于字母表的第一个字母则显得更加神秘，几乎是无法得知的。如果仅从外观上判断，就不难粗粗描绘出字母A的演化过程：最初来源于古埃及人的牛头象形符号，发展为腓尼基人的V，希腊人始将它写成类似A的符号，至拉丁文才最后定形，但是这中间是怎样具体转化的，就没有人可以知道了。

事实上，每个字母在形成中，浓缩了人类的文明进程，因此探求字母的源头，实际上是在探寻人类文明的源头，也是在谱写人类的心灵史。

尼采的著作是否被人篡改过

在西方思想史上，尼采恐怕是最有争议的人物了。在相当长的时间内，尼采的书在中国不再出版，他的名字也成为"禁忌"，一旦沾上，就被认为是法西斯主义者。直到改革开放以后，尼采才渐渐为中国人重新认识，甚至出现了"尼采热"。

事实上，把尼采说成是法西斯主义的思想先驱，是没有根据的。希特勒在《我的奋斗》中没有一处引证尼采。而尼采一生对种族主义和反犹主义相当反感，这两大主义正是法西斯主义的基石。那么为什么有些人会常常把尼采与纳粹和法西斯联系在一起呢？有些学者认为，这是因为有人篡改了尼采的著作。

△ 尼采

那么篡改者是谁呢？人们普遍认为是尼采的妹妹伊丽莎白·福尔斯特·尼采。最早提出这一看法的是德国的尼采研究者卡尔·施莱希塔，他于1958年出版了《尼采事件》一书，对尼采妹妹的篡改行为进行了揭露，认为她伪造了尼采的书信，歪曲了尼采的思想。

众所周知，尼采终生未婚，他一生最亲密的女人就是他的妹妹伊丽莎白·福尔斯特—尼采。而伊丽莎白却有着浓重的种族主义理想，后来又嫁给了反犹主义者波恩哈特·福斯特。婚后她追随疯狂的丈夫到巴拉圭建立条顿移民村，以实现自己的种族主义理想。但是移民村的计划最终流产了，福斯特自杀了。而伊丽莎白还没有从失去丈夫的悲痛中解脱出来，就传来了哥哥尼采发疯的消息。于是她在1897年从巴拉圭赶回魏玛，照料生活不能自理的尼采。在照料尼采的同时，伊丽莎白也搜集整理了尼采的手稿，然后又垄断了尼采著作出版权。尼采死后，伊丽莎白以尼采著作权威的解释者自居，同时伊丽莎自在整理出版尼采的手稿过程中，一面扣压一些手稿，一面篡改一部分手稿，使之渐渐与法西斯主义靠拢。在尼采的著作中，受到篡改最为严重的是晚年的《权力意志》。

尼采晚年时曾计划写一本名叫《重估一切价值》的书，但没有完成，只留下一大堆残篇手稿，后来伊丽莎白和尼采的朋友彼得·加斯特·起把这些手稿整理成书，取名为《权力意志——重估一切价值》出版。在这本书上，有浓重的种族主义思想，而伊丽莎白宣称这才是尼采最重要的著作，是他的代表作。

1961年，意大利学者蒙梯那里和科利为了翻译尼采的著作，来到德国魏玛，在歌德、席勒档案馆查阅了尼采的全部手稿，结果发现伊丽莎白大量篡改了尼采的手稿。《权力意志》的原稿有374条格言体的片段，可是伊丽莎白删去了104条，在采用的270条中，又有137条被改动，结果致使尼采著作的原面目遭到严重歪曲。为了恢复事实，蒙梯那里和科利编辑了名为《新的批判尼采全集》的尼采著作汇编。而德国尼采研究专家施莱希塔也编辑出版了尼采晚年手稿，取名为《80年代遗稿选编》。

还有人指出，伊丽莎白不仅篡改了尼采的手稿，而且还在言行上把已经去世的尼采放置于法西斯思想先驱的地位。当时，伊丽莎白俨然是尼采的代言人，她在20世纪20年代公开赞赏墨索里尼，后来希特勒参观尼采文献档案馆时，她在希特勒面前大谈反犹主义与种族主义，此外她还到处演讲、写文章，极力把墨索里尼和希特勒说成是她哥哥的理想的"实现者"，并为此得到希特勒荣誉像章的奖励，以致在第二次世界大战之后，人们在回忆这些情况时，把尼采和法西斯联系在一起，也就没什么奇怪的了。

但是也有人对尼采妹妹伪造说不以为然。他们认为伊丽莎白所编辑出版的尼采文本虽然有不详实之处，但是她所依照的，正是尼采的手稿，从大

△ 尼采

量的手稿中编辑成书，自然要有所取舍，不然不加选择地全部收录，那也不能算作是一本书。而且施莱希塔所编辑出版的《80年代遗稿选编》，除了顺序不一样外，内容却完全一致，而尼采所采用的是格言式的文体，前后逻辑性并不强，所以仅仅顺序的改变不是什么大问题。其实，尼采思想中本来就有消极的一面，不用人篡改，也极容易为人误解和利用。所以说尼采妹妹篡改了他的手稿，理由也是不充分的。

尼采著作究竟是否被篡改过？尽管至今还无定论，但是能够肯定的是尼采确实是一个被曲解了的伟大哲学家。

名画《玛哈》的模特是谁

　　但凡看过西方绘画册的人，想必都会对两幅油画过目不忘，她们就是《着衣的玛哈》和《裸体的玛哈》。这两幅画实在是太美了，让人回味无穷。两幅画中人物姿态都相同，双掌交叉于头后，身躯斜卧于床上，人物美丽丰满。这是两幅同一构图的青年女子着衣和裸体画像。《着衣的玛哈》穿一件紧贴身白衣，束一玫瑰色宽腰带，上身套一件黑色大网格金黄色短外衣，以红褐色为背景，使枕头、衣服和铺在绿色软榻上的浅绿绸子显得分外热烈。而在《裸体的玛哈》上，背景减弱了，美人的娇躯在软榻上墨绿色天鹅绒的映衬下曲线分明。

　　两幅画的作者戈雅在1746年3月30日出生于萨拉戈萨市附近的福恩特托多司村。父亲是一个手工业者，母亲是一个没落贵族的女儿。这样的家庭环境不可能给他多少艺术熏陶。传说中他有一天在村边的墙壁上乱涂乱画，碰巧一个修士走过，只看了一眼，就认定这个孩子有着神奇的绘画天赋，于是就说服他的父母，然后把他带到城里的修道院学习绘画。后来他就到欧洲各国游历，凭借他的勤奋和聪明，终于成为全世界著名的画家。

　　从戈雅的《玛哈》问世那天起，人们就对"玛哈"以谁为模特争论不休，时至今日，依然众说纷纭。

　　有人说《玛哈》是以和戈雅有特殊关系的阿尔巴公爵夫人为模特的。1792年，马德里很有影响力的阿尔巴公爵夫人的新居落成，为庆祝乔迁之喜，她举办了一个盛大晚宴。不料第二天上午公爵夫人神秘死亡，这个案情相当轰动，人们猜测和当晚的客人有密切关系。谁知在调查过程中，戈雅回忆起他与公爵夫人热烈、混乱的关系。另外，有人指出，《玛哈》中的女子在外貌上也和公爵夫人神似，因此，很多人都持此说，并凭空生发出许多艳

△ 《着衣的玛哈》与《裸体的玛哈》

情故事。作家孚希特万各的长篇小说《戈雅》中，就对此事作了极度的夸张和渲染。然而许多严谨的学者不以为然。他们认为，"玛哈"绝对不会是阿尔巴公爵夫人。原因有三：第一，画中的人物外貌与公爵夫人只是有些"相似"而已，而在许多特征上都不一致；第二，这两幅画起初是由当时的宰相戈多伊收藏的，而阿尔巴公爵夫人与戈多伊素来不和，怎么可能把自己的裸体画交给他呢，向来高傲的公爵夫人是绝对不可能忍受这种奇耻大辱的；第三，当时在西班牙，画裸体画是禁止的，当人体模特更为人所不齿，地位尊贵的公爵夫人又怎么可能让自己的裸体展览呢？此外，还有好事者翻出了公爵夫人生前的健康体检表，发现她的身材和"玛哈"几乎没有共同之处。

还有人说，戈雅画此画的模特是当时宰相戈多伊的一个宠姬。由于戈多伊极为宠爱这位美女，对她百依百从，而美人知道戈雅的大名，就央求宰相让戈雅给自己画一张画像。戈多伊就把戈雅请到家里。可是戈雅画了《着衣的玛哈》之后，大为这位宠姬的美色所动，就要再画一幅裸体画。可是刚画完，宰相就闯了进来，严词指责了戈雅，认为画裸体是一种亵渎行为。可是事后，戈多伊发现这幅《裸体的玛哈》更为完美，就保存了下来。持这种说法的人认为，只有这样，才能解释：这两幅画为什么最初为戈多伊所收藏。

另外还有人说"玛哈"是一位商人的妻子。据说一位商人重金请戈雅为他的妻子画像。可是戈雅见到这位美夫人之后，为她国色天香的娇姿所倾倒，于是说服她画一张裸体画。不料一位仆人无意间看到了此事，就密报了主人。商人闻知后，大为恼怒，气势冲冲地跑到戈雅的画室，结果在墙上挂着的，赫然是一幅衣着华丽的贵夫人画像，于是转怒为喜。原来聪明的戈雅在画裸体画之前，先飞快地画了一张着衣的画像。这也就解释了为什么两张画像构图体态都完全一样。

后来，戈雅的孙子马里亚诺对人说，《玛哈》是以马德里一个普通姑娘为模特的。马里亚诺提到，马德里有一个叫修士巴维的神甫，他的职务是给人送终，但是长期的工作使他厌倦了死亡和疾病，他就雇了一个年轻漂亮的马德里姑娘，什么也不需要做，就只每日在他身边走来走去，以感受青春和生命的气息。一天戈雅到神甫家里做客，也为姑娘的青春魅力所震撼，就情不自禁地画出了这两幅流传百世的名画。可是有人怀疑这种说法，因为戈雅创作《玛哈》时，马里亚诺还没有出生呢，他的话也不过是道听途说罢了。

为什么这个谜如此难解？戈雅的传记作者们认为，一个原因是戈雅一生以风流著称，多情又多艺，身边从来就不乏漂亮的女人，所以要找出这个模特来，实在不是一件易事；另外当时裸体画在西班牙还是相当"前卫"，为了不给裸体模特制造麻烦，戈雅肯定对"玛哈"的容貌进行了艺术处理。

舒伯特终身未婚原因何在

　　舒伯特于1797年1月31日出生在维也纳，他的父亲是小学校长，因为他从小就学习钢琴及小提琴，11岁时就进入皇家学院攻读音乐并担任了合唱团的高音部成员，到他16岁时，因为变声不能再演唱童声高音才离开那里。此后他在他父亲的学校里担任音乐教师，并在此期间创作了不少杰作，包括《F大调弥撒曲》、《魔王》、《野玫瑰》等作品，但是由于没有任何经济支持，所以尽管他才华横溢却一贫如洗。1828年，他去世于维也纳，享年才31岁。可是这么短暂的时间里，他创作了一千两百多首音乐作品，其中六百五十首是歌曲，因此被世人誉为"歌曲之王"。有人说：舒伯特之所以早逝：一是因为贫穷的生活损害了他的健康；二是因为失败的爱情让他对人生失望，从而失去了继续生存的欲望。

　　舒伯特的情爱是这样的：在朋友的帮助下，舒伯特得以参加宫廷乐队，在一次演奏会上，舒伯特的才能受到注意，并与贵族之女特丽莎一见钟情。后来舒伯特在乡村音乐会上又与特丽莎重逢，两人都表露了爱意。爱情给了他灵感，他创作了许多乐曲，但是两人的事情遭到了特丽莎哥哥的强烈反对。为了让舒伯特成名以获得哥哥的支持，特丽莎设法将舒伯特的作品推荐给宫廷乐谱总管，但是宫廷不认同这种自由的音乐，于是冷漠地拒绝了。之后舒伯特外出巡回演奏，等他回来后，特丽莎已做他人妇。当舒伯特万念俱灰之时，贝多芬注意到他的音乐天才并愿意资助他，但等到舒伯特去见贝多芬时，不幸贝多芬已经病逝。此后舒伯特的健康状况持续恶化。可以这么说，舒伯特因爱情而获得了不竭的创作灵感，但没有结果的爱情又使他陷入了极度的忧伤和失望之中，以至于才30岁便在疾病的摧残中悲惨死去。

　　可是以舒伯特的才华，难道就不能再次点燃爱情之火，获得新生吗？何以直到最后死去，他都孑然一人呢？

有人说，他不恋爱不结婚和他一生穷困潦倒有莫大关系。在他那个时代，专门作曲而不演奏的人几乎难以糊口，他的音乐作品，比如今我们的小书稿费还要低，著名的《摇篮曲》的报酬是一盘烤土豆，可是在他死后，人们发现了舒伯特的价值，这个曲子竟以4万法郎成交，倘若是手稿，在今天的拍卖会上，恐怕还要高出百倍。可是在舒伯特活着的时候，他是真的相当贫困，所以没有办法考虑结婚的事情。哪个家庭愿意把女儿嫁给他受罪呢？特丽莎的事就说明了这个原因。

还有人把不结婚归结为舒伯特的相貌。确实，舒伯特其貌不扬：身材矮小、皮肤黝黑、大腹便便、脑门硕大，嘴唇极厚，人们曾挖苦他，说他是"蘑菇"。这样的相貌，也实在是不容易引起女孩子的好感。但是，男子的相貌相对于他的才华而言，并不占主要地位。中外历史上丑男配俊女之事，也并不是什么稀奇之事，更何况有如此浪漫气质的舒伯特，怎么可能没有女性爱慕呢？

另外，舒伯特的研究者认为，最有可能的原因是他受到贝多芬的影响，所以抱定了独身主义。舒伯特一生极为崇拜贝多芬，在他的心里，贝多芬像神一样，他说："有时候我也做过梦，但是在贝多芬死后，谁还能做什么呢？"他死后唯一的遗愿是与贝多芬埋葬在一起，直到1888年，他的愿望终于得以实现。由于贝多芬一生未婚，于是极力崇拜贝多芬的舒伯特就把对女性的兴趣转移到音乐上去了。

舒伯特何以终身未婚？人们的猜测还有很多很多，这里就不再一一赘述，我们讨论这个问题的目的，只是在感慨舒伯特身世的同时，纪念这位伟大的音乐家。

是什么原因导致了莫扎特之死

奥地利作曲家沃尔夫冈·阿玛迪乌斯·莫扎特是世界上最伟大的音乐家之一，他在短暂的35年生命里，创作了将近600部作品，其中《费加罗的婚礼》、《德国舞曲》、《土耳其进行曲》等大量的音乐作品，人们至今百听不厌。可是这位作曲家却死得相当凄惨。1791年12月5日，莫扎特逝世，当天晚上天气很冷，而且风雨交加。他的妻子正卧病在床，送葬的人，寥寥无几，在半路就解散了。莫扎特是被看守公墓的一个老头下葬的，老头把他当做一个孤魂野鬼葬于众多死于瘟疫的人当

△ 莫扎特画像

中。而他的遗孀康斯坦斯病好后嫁给了一个瑞典的外交官，直到17年之后，才想到去那个公墓查找莫扎特下葬的地址，然而，那时物是人非，已经没有人知道了。

更为凄惨的是，莫扎特死得不明不白，其死因一直争论到今天也没有结论。当年莫扎特患病后，维也纳最好的两名医生对他进行了救治。他们试图通过放血和冷敷的方法使莫扎特退烧，但于事无补。莫扎特死后，这两名医生也没有解剖他的尸体，其中一位医生注意到莫扎特四肢肿胀，就做了莫扎特死于汗热病的结论，但后人对此并不认同。人们对其死因持有各种说法，有的说他死于肺炎，有的说他死于寒冷，还有的说死因是肾结石，说风湿热

的也大有人在，据统计各种法共有150种之多。

事隔两百多年后，美国医学专家简·赫希曼指出，莫扎特很有可能死于旋毛虫病，这种病是吃了生的或没有煮熟的含有蠕虫的猪肉而引起的。旋毛虫病的症状是四肢肿胀、发烧，并且身体发痒。他的根据是发现了一封莫扎特在1791年10月底写给他妻子的一封信，信中说："煎猪排是何等的美味呀！我爱吃它，并祝你健康。"赫希曼接着阅读了有关莫扎特传记、历史文献和有关旋毛虫的科研报告。他发现，在莫扎特时代，由于牲畜宰杀的卫生标准极差，加上当时医疗条件落后，所以导致猪旋毛虫传染病普遍发作，当时有许多人死于这种疾病。而历史文献记载的莫扎特的症状和猪旋毛虫病是一致的。另外莫扎特于12月5日在维也纳逝世，距离他写这封信仅44天，而猪旋毛虫病毒的潜伏期恰好是50天左右。

关于莫扎特之死，还有一个著名的传说。1791年7月，正当莫扎特因患病而痛苦挣扎的时候，一位脸色阴沉、身穿黑衣的不速之客，在一个风雨之夜敲开了莫扎特家的大门，要莫扎特谱写一首《安魂曲》。不知什么原因，莫扎特竟答应了，于是连病带累，没几天就死去了。于是有人认为，这个黑衣人是杀害莫扎特的凶手，只要找出这个黑衣人，莫扎特死亡之谜就解开了。可是这个黑衣人是谁呢？一直众说纷纭。

有人认为这个"神秘的黑衣人"就是宫廷首席乐师萨利埃利。1782年，年仅26岁的莫扎特来到维也纳，整个奥地利宫廷立即为他的绝世才华所倾倒，这让萨利埃利大为嫉妒。萨利埃利一向自诩为维也纳音乐界第一人，眼见莫扎特声望日高，恐怕有一日会夺去皇帝对自己的宠信，于是他就决定除去这个眼中钉。莫扎特在生活中是个不修边幅、行为恣肆的人，于是萨利埃利极力挑唆宫廷权贵和他的关系。很快，在保守的维也纳主流音乐界，莫扎特被视为"异端"，他的作品无法在剧院上演，使他生活日渐困窘。在音乐界排斥了莫扎特之后，萨利埃利仍担心莫扎特东山再起，就处心积虑想让他永世不得翻身。恰巧莫扎特的父亲突然去世，一向热爱父亲的莫扎特悲恸万分，精神受到很大刺激，身体状况也一落千丈。萨利埃利认为机会来了，就挑了一个下雨的夜晚，戴上莫扎特父亲生前用过的假面具，披上黑衣，敲开莫扎特的家门，要他谱写一首《安魂曲》。莫扎特又是恐惧又是难过，夜以继日地赶写《安魂曲》。曲子写成了，他自己也油枯灯尽。而萨利埃利在阴谋得逞之后，总是深夜难眠，不久精神失常，被人送进疯人院。

但是几乎没有任何证据能够表明，萨利埃利与针对莫扎特的阴谋有关。因此就有人认为，那个黑衣人是弗朗索瓦·瓦赛格·祖·斯托帕克伯爵的管家罗伊特盖布。这位伯爵是一个庸碌无能、附庸风雅者，常常花钱雇人替写曲子，然后在家里大摆筵席，让乐师演奏，向客人夸耀是自己所为。1791年，他死了妻子。也许是故态复萌，想要借此机会炫耀，也许真是为了悼念亡妻，他就派仆人前往莫扎特家，让莫扎特代写一部《安魂曲》，冒充是他自己的悼亡作品，准备在举行葬礼时演唱。而莫扎特当时急需一笔钱，伯爵的开价又是奇高，他就答应了，于是提早迈进了坟墓。

人们忘不了莫扎特优美的音乐，也忘不了莫扎特的凄惨命运，于是这个死亡之谜也就永远被人争论不休。

庞贝古城毁灭之谜

　　意大利半岛西南角坎佩尼亚地区的庞贝城，是由奥斯坎斯部落兴建的，早在公元前7世纪，它已是一座人口稠密、商旅云集的小城，可以说它是一座历史悠久的古城。它因位于维苏威火山西南脚下10千米处，西距风光绮丽的那不勒斯湾约20千米，而成为一座背山面海的避暑胜地。

　　公元前89年，庞贝城被罗马人占领，成为罗马帝国的属地。到79年为止，这里已成为富人的乐园，贵族富商纷纷到此营建豪华别墅，尽情寻欢作乐。庞贝城人口超过25万人，成为闻名遐迩的酒色之都。

　　维苏威火山海拔1277米，据地质学家们考证，它是一座典型的活火山，数千年来，它一直在不断喷发，庞贝城就是建筑在远古时期维苏威火山一次爆发后变硬的熔岩基础上的。可是，在公元初年，著名的地理学家斯特拉波根据维苏威火山的地形地貌特征，断定它是一座死火山，当时的庞贝人完全相信斯特拉波的这一论断，对维苏威火山满不在乎。火山的两侧种植了绿油油的庄稼，平原上到处遍布着柠檬林和橘子林，还有其他果园和葡萄园，他们万没料到这座"死火山"正在酝酿着一场毁灭性的大灾难。

　　62年（或63年）2月5日，一次强烈的地震袭击了这一地区，造成了许多建筑物的毁塌，我们今天在庞贝城看到的许多损坏的建筑都是那次地震造成的。地震过后，庞贝人又重建城市，而且更追求奢侈豪华，然而庞贝城还没来得及完全从那次地震中复苏过来，在79年8月24日这一天，维苏威火山突然喷发了。瞬息之间，厚约5.6米的熔岩浆和火山灰就毫不留情地将庞贝城从地球上抹掉了。历史的记载也从此中断。那时，庞贝城有2.5万居民，虽然大部分人逃离灾区，但还是有2000多人葬身在火山灰和熔岩之下。待烟消云散，土地渐渐冷却之后，一些劫后余生的庞贝人曾经返回维苏威火山脚下的故城

△ 庞贝遗址

所在地挖掘他们的住所，希望能找到一些他们未来得及带走的物品，结果什么也未能找到。随着岁月的流逝，人们逐渐将庞贝城淡忘，庞贝城就这样消失了。

1592年，有人在庞贝城所在地修建水渠，偶然发现一些大理石碎块和古钱。1689年，有人在那不勒斯郊外掘井，发掘出一些刻字的石块，其中有一块刻有庞贝的名字。据此有人推测，庞贝城就在这一地区。

1748年，当地农民在庞贝古城遗址偶然发现一些遗物，于是寻找庞贝古城的工作就此开始了。4月6日，从棕红色的火山灰堆下发现了第一幅奇妙的壁画。4月19日，挖出了第一具人体残骸，残骸旁边散落着一些古代金币和银币，从死者留在地上的痕迹来看，这个死者正在急匆匆地去抓滚落的金币时，就因火山爆发，厄运突至而暴卒了。这一年的11月，发掘工作进展到一个椭圆形洼地，即原先的露天剧场，但由于没有能找到任何雕像、黄金之类的物品，挖掘工作又转移到别处去了。

1763年，出生于德国的约翰·温克尔曼（1717—1768年）被任命为罗马城内及附近地区的文物总监，他以这一身份访问了庞贝和赫库兰尼姆，未几，出版了《文物艺术史》一书，给予古城出土的文物极高的评价，并成功地将无数零散的文物整理出一个头绪，勾勒出古城庞贝的历史轮廓，从而掀起一股寻找庞贝城文物的热潮。

1808年至1815年，法国学者缪拉主持了这座死城的发掘工作。从1860年起，人们对庞贝城进行了系统的发掘。1890年，考古学家乌塞皮·菲奥雷利使发掘工作走上正轨，他研制出一种新的发掘技术，使死城中被埋葬的人、动物、家具、木结构建筑物等充分地再现当年的风貌。这种技术是细心地将火山灰层层剥离，以便保持物体原来的形状，接着把石膏浆灌到物体与火山灰岩之间的缝隙中，然后将物体完整无缺地剥离出来，再将水泥倒入与原物体一模一样的火山灰模子，浇铸后形成的塑像生动逼真，栩栩如生，再现了古城居民当年罹难时的各种姿态。游客可以看到死难者临死百态：攥钱袋，仓皇逃跑；还有挣不脱枷锁，死在铁链上的奴隶角斗士……一幕幕悲剧呈现在游客眼前。一切都似乎发生在昨天，庞贝城好像沉睡了1900年，刚刚苏醒。庞贝城占地面积1.8平方千米，城墙用石头砌建，周长4.8千米，有城门7个，塔楼14座，蔚为壮观。纵横的4条石铺大街构成一个"井"字形，将全城分割成9区，每块地区又有许多大街小巷相通，大街上被金属车轮辗出的深深的车辙，历历在目，仿佛马车刚刚驶过一般。

庞贝人还修建了3座大型剧场，其中最大的一座位于城东南，建于公元前70年，可容纳观众2万人，兼做角斗场。当年人与人、人与兽的角斗就在这里举行。这座大型剧场的东侧还有一座圆形体育场，这个体育场估计能容纳观众一万余名。

由于庞贝城保存了古罗马时代社会生活的真相和宝贵资料，因而已成为世界上罕见的一座天然历史博物馆。它不仅是一座普通城市生活的绝妙写照，而且也是一座珍品的宝库。现在，庞贝城已成为意大利最富吸引力的游览胜地之一，每年有200多万游客到这里观光和游览。

可可岛宝藏埋于何处

可可岛位于中美洲哥斯达黎加太平洋沿岸以南600千米的海面上，面积只有24平方公里，这里风景秀丽，是人人向往的旅游胜地。关于可可岛，有一个十分诱人的传说——岛上埋藏着大量的金银珠宝。事实上，这才是该岛闻名遐迩的根本原因。

有关岛上神秘财宝的传说很多，说法虽不一致，但大同小异。

从1535年西班牙殖民头子弗朗西斯科·皮萨罗占领秘鲁开始，利马被一直作为南美西班牙殖民地总督的驻地，这种情况一直持续到1821年。当年，殖民军在南美肆无忌惮地残杀印第安人，大量掠夺当地的金银财宝，聚集在利马，然后定期用船只装运至西班牙。当时有人说利马连大路都是由"金银铺砌而成"，这当然有夸张的成分，但说利马富甲南美却一点不假。1820年，当科克伦勋爵在海上击溃了西班牙人的三桅战舰"埃斯梅拉达"号和其他几艘战舰后，圣马丁将军也很快兵临利马城下。趁西班牙人大乱之机，以威廉·汤普森为首的英国海盗洗劫了秘鲁太平洋港口城市卡亚俄，并且先于圣马丁的船队，带着劫掠的大批金银珠宝逃离卡亚俄港。据史料记载，这批宝物价值连城，共计24大箱，其中包括大量金币、金杯、一尊圣母玛丽亚金像以及其他数不胜数的金银首饰和宝石。

汤普森船长在"玛丽·迪尔"号满载着乘客和贵重物品起航后，又突然改变了主意，他没有将船开往西班牙港口城市加的斯，而是径直往北驶去。他在船员们的协助下，把船上的乘客统统杀死并残酷地扔进了大海，从此"玛丽·迪尔"号成了一般名副其实的海盗船。经过一番考虑后，汤普森决定往可可岛进发。汤普森的考虑不是没有根据的，因为几个世纪以来，可可岛与世隔绝，其优越的地理位置使他能够轻易地摆脱任何海上监控和追踪，

△ 美丽的可可岛

这对南美洲海盗们来说是颇有吸引力的。汤普森小心翼翼地将船上的主要财宝埋藏在可可岛，然后将"玛丽·迪尔"号帆船毁掉，与船员们分乘小艇去了中美洲。

也许是为了摆脱良心上的谴责，汤普森在临死前，决定向一个人透露可可岛上的藏宝秘密。他选中了自己的好友基廷，将一份平面图和关于藏宝位置的资料交给了他。

基廷曾三次登上可可岛，带回的财宝价值5亿多法郎，但他始终没能找到"玛丽·迪尔"号船上的主要财宝。后来，基廷又向好友尼科拉·菲茨杰拉德海军下士说了可可岛的秘密。这位海军下士很穷，甚至没有足够的钱购买一条船，所以他一直没能去可可岛。菲茨杰拉德临死前，又将藏宝情况告诉了曾经救过自己性命的柯曾·豪上尉。由于种种原因，柯曾·豪上尉也没能去成可可岛。有关可可岛上藏宝的资料就这样一次又一次地不断传递，后来又历经了盗窃、交换和出售。一份菲茨杰拉德根据基廷提供的情况写成的资料，至今保存在澳大利亚悉尼的"海员和旅游者俱乐部"里。

　　1927年，法国托尼·曼格尔船长复制了这份资料，并于1927—1929年两次去可可岛上寻找宝藏。汤普森是在1820年用一个八分仪埋藏这笔财宝的，因为它有很大偏差，这种八分仪在1820年藏宝之后就被回收不再使用了。根据1820—1823年的航海仪表资料，托尼校正了汤普森的某些数据，并确信汤普森的财宝就埋在希望海湾和石磨岛附近的海岛。托尼·曼格尔找到一个洞穴，它只有在落潮时将近一小时的时间里可以进入。他独自一人进入，但洞穴水流很急，当他竭力在水下排除洞外杂物时，洞口的水越来越多，差一点将他淹死。经过一番挣扎，最终回到岸上，他把这个看成是"对藏宝寻找者的诅咒"，从此以后再也不敢去那里冒险了。

　　随着时间的推移，有关可可岛藏宝的资料也越积越多，虽然他们都自称是可靠的。

　　曾有无数寻宝人满怀希望去可可岛探宝，结果却总是空手而归。几经折腾，原来风光旖旎的小岛已被折磨得满目疮痍，生态环境也遭到了严重的破坏。

　　最近，为保护岛上丰富的植物资源，哥斯达黎加政府从长远利益出发，决定禁止人们到可可岛上探宝。同时政府也相应的提高了旅游者在可可岛上应交纳的税金和船只的停泊费，前一项由原来的1.2美元增加到15美元，后一项则由每天15美元增至100美元不等。这些措施虽然能大大限制旅游者的活动，却不能阻挡人们对可可岛宝藏的向往。

古印度帝国黄金藏匿地之谜

在15世纪中叶，秘鲁利马附近的一个土著印第安人部落，通过不断兼并邻近部落，建立起了一个奴隶制国家——印加帝国。据说，印加人非常崇拜太阳神，他们看到黄金发出光泽与太阳的光辉同样璀璨，因此特别钟爱黄金，千方百计地聚敛黄金。印加国的黄金多极了！他们国内所有神庙和宫殿，都使用了大量的黄金，大多数印加人都佩戴黄金制品和收藏着黄金。

有关印加国黄金的传说，在当时引起了一些殖民主义者的占有欲望。

1525年1月，西班牙殖民者弗朗西斯科皮萨罗率领西班牙殖民军，开始入侵印加帝国，一心想把印加帝国的巨量黄金掠为已有。1532年，皮萨罗率军攻占了印加帝国的卡哈马卡城后，用计让印加帝国的皇帝阿塔瓦尔帕交出40万公斤黄金来赎身。阿塔瓦尔帕被迫答应了皮萨罗的要求，下令要国民向皮萨罗交纳黄金。可是，就在印加人忙于向卡哈马卡城运交黄金，眼看着巨量黄金就要落入皮萨罗之手时，谁知心狠手毒的皮萨罗却感到不满足起来，他突然变卦，竟出人意料地以谋反罪名把阿塔瓦尔帕皇帝在卡哈马卡城广场给处决了。

皮萨罗处决了印加皇帝以后不久，攻进了印加帝国的首都库斯科。他满心以为，这下子可以把印加人历来聚敛的黄金全部动掠到手了。然而，事实却与他的愿望相反。皮萨罗率军占领库斯科之后，到处搜寻黄金。他们费了九牛二虎之力，虽然也看到了一些用黄金装饰起来的庙宇和宫殿，并在库斯科城近郊的一个洞穴里发现了一些黄金器皿和一些金子做成的螃蟹、蛇、鸟等珍贵的物品，但是找来找去，就是没有能找到传说中那么多的黄金。

皮萨罗十分震怒，誓不甘心失败。

有一天，皮萨罗听一个印加人来报告说，在印加国内的维拉贡加镇附近

△ 印加古城遗址——马丘比丘

有一个洞穴，那里藏着皇帝弟弟阿斯卡敛集的大量黄金。皮萨罗喜出望外，当下即调兵遣将，准备前往维拉贡加镇。然而，正当他一切准备就绪打算出发时，却突然发现来报告的那个印加人奇怪地失踪了。因此，他寻找洞穴的打算就化为泡影。

1533年前后，皮萨罗不知从哪里得到一个消息说，印加帝国的大量黄金在阿塔瓦尔帕皇帝遭到杀害后，被一部分印加人偷偷地运到印加帝国"圣地"的的喀喀湖中隐藏起来了。自古以来，土著印第安人就生活在湖的周围。据说，当时印加人带着巨量的黄金和宝物到了的的喀喀湖以后，便乘坐芦苇筏子向湖心划去。等划了一段距离后，印加人就把带来的所有黄金宝物都投进了湖里。皮萨罗得知这个消息后，在1533年12月，派部下迭戈·德尔圭罗和佩德罗·马丁内斯前去的的喀喀湖探宝。他们到了湖上东寻西找，相继干了七八年，直到皮萨罗被暗杀而死，也没有能在湖上发现巨量黄金的下落。

皮萨罗寻找黄金接连遭到挫折，这就使得原来关于印加帝国藏有巨量黄金的传说变得玄虚起来。当时有不少人开始怀疑传说是无中生有，但是，有不少人，特别是一些西班牙殖民者，对传说却是深信不疑。

在皮萨罗之后的一些西班牙殖民者，了解到位于印加帝国首都库斯科北面两公里处有一个名叫萨克萨伊瓦曼的要塞，那里的地道是印加人藏宝的传统之地。他们猜测印加的巨量黄金这次可能也被隐藏在那里，于是，他们就到萨克萨伊瓦曼进行搜寻。萨克萨伊瓦曼要塞建在一个山坡上，共有三道用巨石砌成的墙围着，每道墙高18米。要塞一共有21个堡垒和瞭望台，在山腰较高的一座平台上有一块坚硬的巨石，它是历代印加皇帝检阅印加部队时的宝座。要塞里还建有太阳神庙、王室浴池和竞技场等各种建筑。在要塞的中央耸立着一座圆塔式建筑物，整个要塞就像迷宫一样，十分复杂。因此，西班牙殖民者每一次进入要塞都是碰壁而回。他们在这里一次次折腾，就是始终找不到地道的秘密入口处。

西班牙殖民者在萨克萨伊瓦曼要塞无所获之后听人说：印加帝国的大量黄金和珍宝，也许隐藏在安第斯山脉中一个叫做马丘比丘的神秘城堡中。于是，他们又转而找起马丘比丘来。西班牙殖民者在安第斯山脉的群峰密林中出没，但是，一直寻了好久，也没有能找到马丘比丘城堡的踪影。

1911年，美国耶鲁大学研究拉丁美洲史的教师海勒姆·亚·宾厄姆，来到安第斯山考察。他的足迹几乎踏遍了大山密林中的每寸土地，后来，他找到了马丘比丘的遗址。海勒姆对马丘比丘进行了反复细致的勘测，他发现古城堡地势险要，终年云雾缭绕，十分隐蔽。城堡内的一个祭台，竟然是用一块100多吨重的花岗石板筑起来的。还有许多用花岗石砌成的房屋，整个城堡充满着扑朔迷离的情景。海勒姆在占城废墟中夜以继日地工作，但是，令人遗憾的是，最终他却未能如愿以偿地找到印加人隐藏的巨量黄金。

在海勒姆之后，又有不少世界各国的科学家曾经去马丘比丘进行考察。不过，他们的运气也并不比海勒姆好到哪里。他们使用的手段虽然各不相同，付出的劳动代价也大小不一，但是结果却是一样：谁也没有在这里找到任何文字线索，对这座古城堡究竟建于何年，仍然是一无所知。至于说这里到底是不是果真藏有印加帝国的大量黄金，那更是一个谜中之谜了。

宇宙的诞生之谜

　　当人类第一次把眼光投向天空，他就想知道这浩瀚无垠的天空以及那闪闪发光的星星是怎样产生的。所以，各个民族，各个时代都有种种关于宇宙形成的传说。不过那都是建立在想象和幻想基础上的。今天，虽然科学技术已经有了重大进步，但关于宇宙的成因，仍处在假说阶段。归纳起来，大致有以下这么几种假说。

　　第一种是"宇宙爆炸"假说。许多科学家倾向于"宇宙大爆炸"的假说。这一观点是由美国著名天体物理学家加莫夫和弗里德曼提出来的。这一假说认为，大约在200亿年以前，构成我们今天所看到的天体的物质都集中在一起，密度极高，温度高达100多亿度，被称为原始火球。这个时期的天空中，没有恒星和星系，只是充满了辐射。后来不知什么原因，原始火球发生了大爆炸，组成火球的物质飞散到四面八方，等高温的物质冷却下来，密度也开始降低。在爆炸2秒钟之后，在100亿度高温下产生了质子和中子，在随后的自由中子衰变的11分钟之内，形成了重元素的原子核。大约又过了10000年，产生了氢原子和氦原子。在这10000年的时间里，散落在空间的物质开始了局部的聚合，星云、星系的恒星，就是由这些物质凝聚而成的。在星云的发展中，大部分气体变成了星体，其中一部分物质因受到星体引力的作用，变成了星际介质。

　　1929年，哈勃对24个星系进行了全面的观测和深入的研究。他发现这些星系的谱线都存在明显的转移。根据物理学中的多普勒效应，说明这些星系在朝远离我们的方向奔去，即所谓退行。而且，哈勃发现这些星系退行的速度与它们的距离成正比。也就是说，离我们越远的星系，其退行速度越大。这种观测事实表明宇宙在膨胀着。那么，宇宙从什么时候开始膨胀，已膨胀多久了？根据哈勃常数H=150公里/（秒·千万光年），这个意义是：距离我们1000万光年的天体，其退行的速度为每秒150公里，从而计算出宇宙的年龄为200亿年。也就是说，这个膨胀着的宇宙已存在200亿年了。20世纪60年代天文学四大发现之一的微波背景辐射理论认为，星空背景普遍存在着3K微波背景辐射，这种辐射在天空中是各向同性的。这似乎是当年大爆炸后遗留下的余热，从某种意义上这也是支持了"宇宙大爆炸"的观点。但是，"宇宙大爆炸"学说也有些根本性问题没有解决。如大爆炸前的宇宙是什么样？大爆炸是怎么引起的？宇宙的膨胀未来是什么格局？

第二种是"宇宙永恒"假说。这种假说认为，宇宙并不是像人们所说的那样动荡不定，自从开天辟地以来，宇宙中的星体、星体密度以及它们的空间运动都处在一种稳定状态，这就是宇宙永恒假说。这种假说是英国天文学家霍伊尔、邦迪和戈尔特等人提出来的。霍伊尔把宇宙中的物质分成以下几大类：恒星、小行星、陨石、宇宙尘埃、星云、射电源、脉冲星、类星体、星际介质等，认为这些物质在大尺度范围内处于一种力和物质的平衡状态。就是说，一些星体在某处湮灭了，在另一处就一定会有新的星体产生。宇宙只是在局部发生变化，在整体范围内则是稳定的。

第三种是"宇宙层次"假说。这种假说是法国天文学家沃库勒等人提出来的。他们认为宇宙的结构是分层次的，如恒星是一个层次，恒星集合组成星系是一个层次，许多星系结合在一起组成星系团是一个层次，一些星系团组成超星系团又是一个层次。

综合起来看，以上种种假说虽然说明了宇宙行为模式的部分道理，但还都缺乏概括性，还有继续探讨的必要。

宇宙有多大

虽然直到今天，人类的足迹也只是踏上了月球而已，但人类对宇宙的探索和观察却从古代就开始了。时至今日，人类观察的宇宙范围已经扩展到相当大的范围。

在1900年，人们知道天空中看得见和看不见的星星簇拥在一起，组成了一个叫做银河系的透镜状的星球集合体。在20世纪初期，人们估计宇宙约为23000光年。太阳被认为是在银河系的中心，不相信太阳系外还可能存在其他的星球。

1914年，美国天文学家保罗·夏泼莱使用了一种新的估计距离的方法，他证明银河系的一部分被尘埃和气体形成的黑云所遮盖，银河系的范围应为100000光年。而太阳不在银河系的中心，却在边缘附近。另外，天空中两块小小的雾状光斑"麦哲伦星云"则被认为是银河系外的星球集合体，它们离开太阳约150000光年。

1923年，又发现仙王星座位于仙女星座的雾状光斑上。光斑的范围达几十万光年，说明它至少是像银河系那样大小的星系。天文学家开始认识到在无限远的地方有着数十亿个像我们银河系那样的星系。

在20年代，美国天文学家米尔顿·拉萨尔·汉姆逊研究了许多星系，发现除了最接近我们的一两个星系外，几乎所有的星系都在离开我们而去。它们越是暗淡，表示它们离开我们的速度越快。这个发现和"膨胀宇宙"的理论相符合，随着时间的推移，所有星系间的距离将越来越大。

1929年，美国天文学家爱德文·P·胡伯尔研究出了一种标尺，利用这种标尺，根据一个星系离开我们的速度，可以估算该星系的距离。例如，测得离我们最近的仙女星座星系约和我们相距2300000光年。

1931年，美国无线电工程师卡尔·琼斯基发现来自天空中各个地方的无线电波能被我们检测到。在二次大战期间，发明了雷达。雷达中所有的器件完全可用来研究从天空中来的无线电波。而在20世纪50年代，科学家建造了巨大的无线电望远镜。利用无线电望远镜的结果，天文学家发现某些较暗淡的星星也会发出无线电波。于是，天文学家开始研究这些原来被认为很普通的星体，结果发现它们发出的光难以分析。

1963年，美籍荷兰天文学家马尔顿·斯密特证明这些星体以无法估量的惊人速度远离我们。从外观上看，它们不是星体而是类似星体的东西，从而得到"类星体"的名称。离我们最近的类星体也至少离我们10亿光年。类星体所以能被看到，是因为它们要比普通的星系亮100倍。至于类星体究竟是什么，当时谁也弄不清楚。在以后的10年中，又有几十个类星体被发现。1973年，还发现了一些远离我们120亿光年的类星体。这些遥远的类星体以超过9/10的光速离开我们，任何更远一些的类星体将以全光速离开我们，而且它们发出的光，永远也达不到我们的眼睛。

1900年，人们只知道一个星系，到现在我们探索宇宙已到了可观察的极限，我们知道有几十亿个像我们星系那样的星系存在，另外还有几十个神秘莫测的类星体，它们离开我们至少有120亿光年之远。在1900年，我们的银河系是我们知道的全部宇宙，而在3/4世纪后，我们发觉，我们的星系不过是宇宙的一千万亿分之一而已。也许，再过几十年，我们会发现，而今所知的宇宙也不过是宇宙的很小的一部分罢了。对宇宙的科学探索和研究是永无止境的。

宇宙有中心吗

就像太阳系中所有的行星都绕着太阳旋转，银河系所有的恒星都绕着银河系的中心旋转一样，宇宙中存在一个让所有的星系包围在中间的中心点吗？

看起来应该存在这样的中心，但是实际上它并不存在。因为宇宙的膨胀一般不发生在三维空间内，而是发生在四维空间内的，它不仅包括普通三维空间（长度、宽度和高度），还包括第四维空间——时间。描述空间的膨胀是非常困难的，但是我们也许可以通过气球的膨胀来解释它。

我们可以假设宇宙是一个正在膨胀的气球，而星系是气球表面上的点，我们就住在这些点上。我们还可以假设星系不会离开气球的表面，只能沿着表面移动而不能进入气球内部或向外运动。在某种意义上可以说我们把自己描述为一个二维空间的人。

如果宇宙不断膨胀，也就是说气球的表面不断地向外膨胀，则表面上的每个点彼此离得越来越远。其中，某一点上的某个人将会看到其他所有的点都在退行，而且离得越远的点退行速度越快。

现在，假设我们要寻找气球表面上的点开始退行的地方，那么我们就会发现它已经不在气球表面上的二维空间内了。气球的膨胀实际上是从内部的中心开始的，是在三维空间内的，而我们是在二维空间上，所以我们不可能探测到三维空间内的事物。

同样的，宇宙的膨胀不是在三维空间内开始的，而我们只能在宇宙的三维空间内运动。宇宙开始膨胀的地方是在过去的某个时间，即亿万年以前，虽然我们可以看到，可以获得有关的信息，而我们却无法回到那个时代。

五颜六色的恒星之谜

读者可能会问，我们看到的夜空中那些闪烁的星星不都是一种颜色吗？其实，天上的星星不都是一个颜色。

细心观察就可以看出恒星的颜色不一样，有红色、黄色、蓝色和白色等，犹如五颜六色的明珠。为什么恒星有多种多样的诱人色彩呢？

你是否到炼钢厂去参观过？当钢水在钢炉里的时候，由于温度很高，它的颜色呈蓝白色；钢水出炉后，随着温度的慢慢降低，它的颜色也变为白色，再变成黄色，再由黄变红，最后变成黑色。由此可见，物体的颜色受物体温度影响，天上的星星也是如此。它们的不同颜色代表星体表面温度的不同。天体的温度不同，它们发出的光在不同波段的强度是不一样的。从恒星光谱型我们已经知道，不同颜色代表不同的温度。一般说来，蓝色恒星表面温度在25000℃以上，如参宿七、水委一、马腹一（甲星）、十字架二（甲星）和轩辕十四等。白色恒星表面温度在11500～77000℃，如天狼星、织女星、牛郎星、北落师门和天津四等。黄色恒星表面温度在6000～5000℃，如五车二和南门二等。红色恒星表面温度在3600～2600℃，如参宿四和心宿二等。

太阳的表面温度约6000℃，照理讲，太阳应是一颗黄色的恒星，为什么我们白天看见的太阳发出耀眼的白光呢？其实，这是因为太阳离我们较近的缘故。如果有机会乘宇宙飞船到离太阳较远的地方，你会发现，原来太阳也是一颗黄色的星星。而美丽的朝霞和晚霞绽放红光的原因是因为地球大气对太阳光中的红光折射率最大造成的。

揭开太阳的面纱

太阳赐予地球光和热，是生命产生和发展不可或缺的，但直到科学发展到今天，我们才一点一点揭开这个与我们息息相关的巨大星球的面纱，了解它的真实面貌。

为研究方便，天文学家把太阳分成了"里三层"和"外三层"。里三层，从中心向外，依次是核反应区（太阳能量产生的区域）、辐射区、对流区（太阳能量的输送带）。"外三层"依次为光球层、色球层和日冕层。

光球层。我们平常看到的太阳圆面。这一层常有黑斑出现，称为太阳黑子。黑子并不黑，只是温度比周围低约1500℃，黑子常呈周期性变化，周期约11年左右。光球面上带有一些像"米粒"一样的物质。其实"米粒"并不小，直径有1000多公里（有一个四川省那么大）。"米粒"上下翻滚，酷似一锅煮开了的大米粥。

色球层。这一层在光球层外，只有专门仪器才能看到，约有2000公里厚，是一层呈玫瑰色的气体层。在这一层，常常突然升起几万公里甚至100万公里高的火柱，这种现象称为日珥。这一层最有特点的是常发生惊天动地的爆发，每次爆发的能量不亚于上百万个氢弹爆发的能量。这种大爆发现象称为耀斑。耀斑发生时常导致地球上通信中断甚至指南针失灵。

日冕层。这一层只有在日全食时才能见到。这一层的显著特点是太阳粒子流以每秒几百公里甚至上千公里的速度喷射到星际空间。

彗星来自何处

　　彗星是宇宙天体中的"流浪汉"，它不是每年每天都能见到的天体，彗星分周期彗星和非周期彗星二种，即使是周期彗星的周期也不一定，有的几年回归一次，有的几十年回归一次，有的上百年和上千年回归一次。还有的非周期彗星是一去不复返。周期彗星的运行轨迹多是椭圆形和抛物线状；而非周期彗星的轨迹是开放型的双曲线状。这种运行轨道是受天体间万有引力作用所至。在行星的摄动下，有的周期彗星变为非周期彗星；反之，有的非周期彗星也可为周期彗星。

　　如果彗星的寿命真的十分短暂，而且它们的命运只能是四分五裂，形成大量的宇宙尘埃而最终步入消亡，那为什么直至今日仍有大量的彗星遨游于天际中呢？为什么在太阳系形成至今的46亿年的漫长岁月里，彗星仍未消失殆尽呢？

　　上述问题的答案只可能有两个：其一，彗星形成的速度与其消亡的速度是同样迅速的；其二，宇宙中的彗星实在太多了，即使在46亿年后的今天仍未全部消失。不过第一种可能性成立的理由并不充分，因为天文学家们至今也未能发现彗星仍在形成的证据。

　　看来，我们只能从第二种可能性入手，丹麦天文学家詹·汉德瑞克·奥特于1950年指出：当太阳系形成之时，由于它的中心产生的引力无法充分束缚其最外部大量的宇宙尘埃和气体星云等原始物质。因此这些物质并未能形成整个聚合过程中产物的一部分，在这种聚合过程的初期，上述物质仍处于原始位置，并因受到的压迫较轻而形成1000亿块左右的冰态物质。这种云系虽然远离行星系，但仍受太阳吸引力的控制，人们称之为"奥特云"。至今还没人见过这些云系，但到目前为止，这仅仅解释了彗星现在存在的原因。

△ 哈雷彗星

很显然，彗星可能存在于上述云系中，这些彗星以极缓慢而固定的速度绕太阳旋转，其运行周期长达数百万年，不过，在某种时候，由于彼此间的碰撞或其他恒星的吸引，彗星的运行将发生改变。在某些情况下，其公转速度加快，此时，公转轨道半径必将加大，并最终永远脱离太阳系；反之，公转速度也可能减缓，此时，彗星将向太阳系中心靠拢。在这种情况下，彗星将以一种极为绚丽的形象出现于地球上空，从此它将以新轨迹运行（除非这一轨迹再次因星体间的碰撞而改变），并最终步入消亡。

奥特断定在太阳系存在的岁月里，有20％的彗星已经飘逸到太阳系以外或已坠入太阳而消亡了，不过，仍将有80％的彗星以其原有的姿态遨游于太空之中。

彗星起源的第二种假说认为彗星来自太阳系边缘彗星带。

这种学说认为太阳系边缘有个彗星带，那里大约有100亿颗彗星，它们可能是在50亿年前在天王星、海王星和冥王星形成时剩下的物质云形成的，并定期地向太阳系内部飞来。

当它们从大行星附近飞过时，由于行星引力作用，轨道受到摄动，于是轨道变成椭圆形，成了周期彗星。因此，它也就成为太阳系的固定成员了。如哈雷彗星，它就是椭圆形轨道，周期为76年，周期性地回归太阳系。这种说法实际上是"俘获"说。

第三种假说认为，彗星可能来自木星喷发物。

这种假说认为大多数周期彗星的轨道远日点都在离木星轨道不远处，由此可以推测彗星很可能是由木星内部向外喷发一些物质而形成的。彗星的化学成分确实也与木星大气成分相近，这一点支持了喷发说。要想喷发，必须达到60公里/秒的速度才可能使喷发物摆脱木星引力而飞向太阳系的轨道。但这一速度对木星上的温度来说，又似乎很困难。所以此假说是否站得住脚，还待更多证据来证实。

还有一种更离奇的学说认为太阳有一颗姐妹星，叫复仇星。复仇星在绕太阳旋转的轨道上周期性地把致命的彗星释放到地球上，使地球上扬起弥漫持久的尘埃，环境发生剧烈变动，以致生物从地球上消亡。每隔2600万年复仇星离太阳最近时，引力使彗星从奥尔特云中飞出，其中一部分便飞到地球大气层来。至于复仇星的来历，有人认为它与太阳同期形成有人认为它是后来被太阳俘获的。当它闯入太阳系时，可能挤走了某颗行星，并由于摄动力而引起地球上的一场大浩劫。至于复仇星是否存在，它是一颗恒星还是一颗行星，还是一颗黑星（黑洞）？到目前还一无所知，什么也没观测到。所以关于彗星来源问题，目前仍处于假说研究证实阶段，最后打开彗星之谜的金钥匙还没有拿到手。

彗星真是 "晦气" 之星吗

　　1986年3月，哈雷彗星在距地球1亿公里高空掠过，地球发射了一批太空船前往探测。太空探测器 "乔托" 飞近彗核，受到严重冲击，近半仪器因而损坏，这项人类首次近距离观察彗星的尝试却十分成功。

　　哈雷彗星通常在太阳系的边远区域运行，循椭圆形轨道公转一周要75年，是个暗冷的星体，从地球上无法见到。偶然接近内行星时，太阳的热力会迫使它放出一团宽数千公里的气体和微尘，阳光与太阳风的压力又会驱使气体与微尘形成千百万公里长的巨大彗尾。

　　利用太空观察哈雷前，天文学家不大清楚彗星是怎样的星体，只知道是由行星及其卫星形成后所剩的物质构成，成分不详。各种说法中，美国天文学家惠普尔的 "脏雪球" 假说最流行，惠普尔认为彗星中被气体与微尘包围的彗核，是由密实的冰、尘埃与岩石构成。

　　最早观测哈雷彗星的是日本太空探测器 "先驱" 号与 "彗星" 号，还有苏联的 "织女" 一号与二号。这些探测器发回不少哈雷彗星运动的资料，曾经用来制订 "乔托" 号飞近彗星探测的路线。"织女" 一号与二号在彗星5千公里外驶过，第一次拍摄到彗核，彗核呈马铃薯形，长9公里，宽5公里，每53小时自转一次。

　　哈雷向太阳的一面，冰被太阳热力转化为蒸汽，表面升起的微尘与光亮的喷射气体混合。幸好 "乔托" 号和哈雷相遇时，这种剧烈运动已经静止了，否则会遇到更猛烈的尘暴。

　　"乔托" 号是由一家英国公司制造，用法国的艾里安火箭发射升空，携带的实验设备由英、法、德三国科学家设计，以每秒40公里速度掠过彗核。它装有巨型双层挡尘罩，兼有探测灰尘的用途，记录微小尘粒对探测器的撞击。

1986年3月13日，"乔托"号飞近彗核拍照。就在驶近彗星前12秒钟，受到微尘撞击，造成摇摆不定，那经常对准地球如铅笔粗细的无线电波束剧烈摇晃。在最紧张的30分钟，探

△ 彗星掠过地球

测器在距彗核仅400公里处擦过，那时前西德达木斯塔特控制中心人员都以为"乔托"号已经毁灭了，幸而其自动稳定设备又将无线电波束对准地球，恢复了传送资料的效能。

"乔托"号上的十四部仪器，有六部被撞至失灵，包括摄影机在内。其余的设备全部操作正常，继续向地球送回大量资料，足供科学家忙碌多年的。

一些有关彗星的疑问已获解决，惠普尔"脏雪球"的假说得到印证，彗星的冰冻部分确由水掺杂着冷凝的气体构成。最特别的是，彗核表面覆盖一层含碳的乌黑物质，仅厚半英寸，却使彗核成为太阳系中最昏暗的物体之一。由于这类物质能产生和维持有生命的物质，科学家猜想彗星上也许有细菌生存，并且可能向地球传播疾病。

探测彗星的太空探测器使命未完。"织女"一号和二号继续航行，准备对小行星阿多尼斯作近距离观测。"乔托"号环绕太阳运行六年后，于1992年飞往一颗名叫葛利格斯凯勒罗普的彗星，借此研究哈雷彗星的情况是独一无二的呢，还是与太阳周围的万于彗星完全一样？

反物质世界的存在之谜

目前我们人类观测到的世界是由物质构成的，而物质又是由原子构成的。原子的中心是原子核，原子核是由质子和中子组成的，另外还有电子在围绕原子核高速旋转。原子核里的质子带正电荷，电子带负电荷，它们携带的电量相等。从它们的质量比较上看，质子是电子的1840倍，形成了强烈的不对称性。因此，20世纪初有一些科学家就提出疑问，两者相差这么悬殊，会不会存在另外一种粒子，这种粒子与基本粒子电量相等而电荷相反？如：一个同质子质量相等的粒子，带的是负电荷；另一个同电子质量相等的电子，带的是正电荷。这就是反物质概念的最初观点。

18世纪20年代末，英国物理学家狄拉克从理论上提出了带正电荷电子存在的可能性。这种粒子，除电荷与电子相反外，其他都一样。1932年，美国物理学家安德逊经过实验，把狄拉克的预言变成了现实。他把一个伽马光子分解成了一对粒子，其中一个就是电子，而另一个同电子质量相同的粒子，带的就是正电荷。1955年，美国物理学家西格雷等人在高能质子同步加速器中，用人工方法获得了反质子，即质量同质子相等，却带负电荷的质子。1978年8月，欧洲一些物理学家又成功的分离并储存了300个反质子达85小时。1979年，美国新墨西哥州立大学的科学家把一个有60层楼高的巨大氢气球放到离地面35千米的高空，气球飞行了8小时，捕获了28个反质子。从此，人们开始相信，每种粒子都有相应的反粒子。目前，科学家利用高能加速器已制造出了反氘核和反氦核。

实验证明确实有反粒子的存在，那么原子是否有相对应的反原子呢？人们便很自然地联想：一个质子和一个带负电荷的电子结合便形成了氢原子，那么，一个反质子和一个带正电的电子结合，不就形成了一个反氢原子吗？

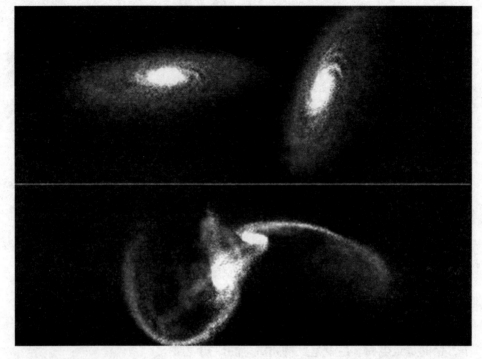

△ 真的存在反物质吗

以此类推，岂不是会形成反氢分子、反元素、反分子吗？由此便形成了一个反物质世界。有人进一步提出假说：宇宙是由等量的物质和反物质构成的。

从理论上讲，宇宙中应该存在一个反物质世界。可事实上真要验证物质世界的存在非常困难，因为，科学家们经过研究发现，粒子和反粒子一旦相遇，它们就会发生相互毁灭的现象，迅速同归于尽，同时转化成高能量的伽马光子辐射。然而奇怪的是，人们从来没有在宇宙空间中发现这种光子辐射。

1998年6月，人类向太空发射了一个举世瞩目的"阿尔法磁谱议"的探测器，试图找到宇宙中的反物质粒子。可至今仍没有令人惊喜的成果出现。宇宙中到底存在不存在反物质世界？现在还是个未解之谜。

哈雷彗星和奇异鸡蛋同期出现之谜

　　宇宙间的万事万物都是有联系的，月球围着地球运转，地球的表现就是大海的潮汐现象。而每当明亮、巨大的哈雷彗星拖着它那美丽的长尾巴造访地球的时候，人们总会惊奇地发现一种奇特的现象，地球上会随之出现蛋壳上"印"有哈雷彗星图案的鸡蛋。这是不是哈雷彗星对地球影响的表现呢？

　　1682年，哈雷彗星经过地球时，在德国马尔堡的一只母鸡生下了一枚蛋壳上布满星辰花纹的蛋。76年以后，哈雷彗星重访地球时，英国霍伊克附近乡村的一只母鸡也下了一枚带有哈雷彗星图案的蛋。又过了76年，哈雷彗星再次出现在苍穹中，希腊有一只母鸡下了一枚"彗星蛋"，图案像雕印在上面的，怎么擦也擦不掉。

　　哈雷彗星为什么会和奇异鸡蛋周期性地一起出现呢？一个在太空中遨游，一个在大地上诞生，它俩之间有联系吗？科学家一般认为"二者之间"一定存在着某种因果关系，这种现象或许和免疫系统的效应原则，甚至与生物的进化是有关的。但这终究只是猜测，仍需要进行科学验证。眼下这种奇怪的现象只能是个谜。

　　但是这个谜依旧在重演。1986年，还是在哈雷彗星光顾地球的时候，意大利博尔戈一户居民家里的母鸡下了一枚彗星蛋。在科学技术日新月异、突飞猛进的当今世界，这枚蛋已经成为了价值连城的稀世珍宝。它将为揭开这个科学之谜提供最有价值的实物资料。从这里我们可以联想到，中国古代关于灾异和彗星相互联系的丰富记录，虽然其中包含不少封建迷信的东西，但也有相当一部分是古代人们对自然的一种朴素认识和直观反映。

　　在科学发达的当今社会，这些材料将有助于我们揭开一系列科学之谜。因此，它同样是古人留给人类的一份珍贵的科学文化遗产。

哥伦布发现美洲大陆是阴差阳错吗

哥伦布发现美洲大陆的事实早已被载入了史册，而他本人也因此名垂千秋。从哥伦布发现美洲大陆到现在已有四五百年的历史了，但有关哥伦布的传说仍在大西洋两岸流传着，传说中这位航海英雄只是阴差阳错的发现了美洲大陆。但是，进入20世纪以来，人们便逐渐对这些说法产生了怀疑。

许多历史学家会提出这样的问题，哥伦布如何会犯下这种错误？大量证据显示出他发现的地方既不是日本也不是中国，他为什么在此情况下还一再坚持说他发现的地方就是印度，居住在当地的人就是"印度人"呢？

在一些历史学家看来，哥伦布从没想过要去亚洲，他的"雄心勃勃的印度计划"只是为了把其他探险家的注意力引开而精心设计的一个障眼法。他们认为哥伦布的目标从一开始，就是去发现新大陆。

哥伦布向世人宣布，他是以印度作为目的地的，他那个时代的编年史家们相信了他的这种说法。

哥伦布在1492年10月21日，登上了一座在他看来极为偏远的岛屿，在当天的航海日志的一开始他就写道，亚洲大陆仍然是他的航行目标，他要亲手把伊莎贝拉和斐迪南写的介绍信交给"大汗"，即中国的皇帝。哥伦布在返回西班牙途中，给伊莎贝拉和斐迪南写了一封信，其中谈到他建立了一座将"有利于和邻近的大陆以及大汗做一切交易"的要塞。

从这些资料中，我们可以推断出哥伦布的航向和他的目的地。为哥伦布辩护的多为传统主义者。传统主义者们在著名的航海家萨穆埃尔·埃利奥特·莫里松的领导下，回应了这些质疑，他们说《授权条款》虽然没有非常明确地提到印度。但它所规定的哥伦布享有利润的份额中所罗列的宝石、珍珠以及香料等，全部都是亚洲的产品，因此，他的目的地显而易见。

哥伦布发现美洲新大陆的航行只是他四次航海生涯中的第一次。其后，他又在1493年、1498年和1502年先后三次前往那里。持与比尼奥德特相同观点的人推测，哥伦布在途中肯定曾注意到他所发现的这些岛屿与约翰·曼杰维利以及马可·波罗所描写的地方完全没有共同之处。日本和中国等伟大帝国究竟在何处呢，金屋顶和大理石街道到底在何处呢？这里所有的，只是一些原始的村落。

可能直到第三次航行时，哥伦布才把事情的真相搞清楚了。他在1498年7月航抵达了今天委内瑞拉的帕里亚海湾，才开始觉得可能这里并不是中国海岸线外围的岛屿。眼望着宽阔的奥里诺科河三角洲，他估计如此多的淡水只有可能来自一块具有相当大规模的陆地。依照拉斯·卡萨斯的记述、哥伦布在航海日记中曾这样写道："我相信这块陆地是相当广袤的，迄今为止，我们仍对它一无所知。"

但在这短暂的清醒之后，哥伦布再次陷入了比他最初的"关于印度的伟大事业"更荒诞的想法之中。他把这块新大陆当做"人间天堂"，认为它是传说中的伊甸园。对此，他还作出了进一步的解释，因为它"就位于被权威人士认作是天堂的所在地的赤道附近"。

哥伦布很可能到死时还一直相信他去过的地方就是印度。如果事实果真如此，那么哥伦布的目标专一和倔犟可真是天下无双；如果不是这样，他绝不可能对他在以后的航海中所得到的证据视而不见——当然也包括他第一次航海中所得到的证据。不管怎样，哥伦布的意图究竟是什么并不重要，我们只要知道美洲大陆的发现为人类文明史增添了重要的一笔。在这块富庶的土地上，后来曾发生许多历史事件，但是在世界史上是不可磨灭哥伦布的丰功伟绩的，这是人类的骄傲和自豪。

印尼"千佛寺"之谜

人们都公认由释迦牟尼创立的佛教产生于印度，然而世界上最大的佛塔却在印度尼西亚，而并非建于佛教起源国印度，这不能不说是一件令人奇怪的事情。

印度尼西亚的婆罗浮屠被列为东方文明的四大奇观之一，也是世界石刻艺术宝库之一。佛塔基座上刻有160块浮雕，这些浮雕都是根据佛经刻出来的。中部5层塔身和围墙上也刻有1300块精美浮雕，描绘了佛祖解脱之前日常生活的情景，但这些浮雕并不是全佛教的传说，也有一些反映的是民间传说故事，有423尊塑像。这些浮雕刻画人物栩栩如生，形象逼真。

这座佛塔的名字中融合了印尼文化，并不是印度佛教文化简单的移植。"婆罗"一词来自梵文，是"庙宇"的意思；"浮屠"是古爪哇文，意为"山丘"；"婆罗浮屠"即为"山丘之庙"。佛塔的数量很多，佛像也很多，庙中佛像有1000多尊，大型浮雕1400余块。所以，在爪哇历史中，这座佛塔又被称为"千佛寺"。佛塔被后人发掘出来后，大批学者纷纷前来对它进行研究。然而，时至今日，它的秘密越来越多，人们都在努力探索，但都未能揭开这些秘密。

秘密之处首先在于建筑。关于佛塔的建筑年代在任何史料中都没有明确的记载。据考古学家们考证，从跋罗婆文写的碑铭上看，那些建筑年代久远，大约元772—830年间，具体什么时间却无法确定。

其次，塔内众多的佛像、雕石均有着深刻的含义，然而，它却不是容易为今人所理解的。迄今为止，世人能够理解的仅占20％。如《独醒图》表现富贵不能淫，《救世图》赞扬佛的慈悲宽宏，《身教图》则教育人们不要冤冤相报，而剩下的大部分佛像雕石今人都已经很难理解其深刻含义了。

△ 婆罗浮屠全貌

　　还有一个更多巧合的秘密是数字。在婆罗浮屠的整个建筑中，多次用到了"8"、"10"等数字。3层圆台上的小舍利塔的数目分别为32、24、16，塔内佛像总共有504尊，全部都是8的倍数。佛塔建筑中所有舍利塔的数目是73，而"73"的个位与十位数之和恰好是10，这是佛教中一种圆空、轮回的教义的体现。另据传说，原来塔内佛像总数为505尊，后来由于塔顶原来的佛像修行圆满，达到涅槃，远走高飞了，所以现在的只剩下504尊。原佛像数505这3位数之和也是10，这与舍利塔的总数目具有相同的道理，即从0出发，经过9个实数后，回复到0，故10等于0。佛像在数字方面时时都注意体现教义。

　　随着佛塔神秘面纱的揭开，也许会出现越来越多的类似的谜，人们目前还无法完全破译这些谜的谜底。但相信时间的推移和高科技的发展，会使神秘的千佛寺将完全地展露在世人面前，揭开她神秘的面纱。

自转岛为何会自己旋转

地球在公转的同时也在自转，这是众所周知的常识，但是如果有一座小岛也会有规律地自转，那就是一件稀奇的事情了。

1964年，一艘海轮停泊在了西印度群岛海域。船上的一位船员发现了一件奇怪的事情，他发现刚刚抛锚的船自己在移动，这是他水手生涯中从未遇见的。于是，他仔细查看后发现，现在的位置距离刚开始抛锚的地方有好几十米。其他人闻讯赶来，一起检查刚才抛锚的地方，发现铁锚还是牢固地钩在海底，并没有被拖走。于是人们更加狐疑了：难道是小岛在自己旋转？

是的，他们停靠的这个小岛确实是自己在旋转。这个自转的小岛是西印度群岛中的一个无人小岛，岛上分布着一片片沼泽地。它像地球那样在自转，每24小时旋转一周，从来没有出现过任何反转的现象。这一奇观引得许多科研人员纷纷上岛去一探究竟。

至于小岛为什么会这么有规律地自转，众多科学家根据察看，作出了大胆推测。小岛本身确实是在旋转，于是，人们推测这座岛是一座冰山，浮在海上。海潮起起落落，所以小岛随着潮水而旋转。但是，这似乎不能说明其真相，因为别的同是冰山的小岛也都"浮"在海上，为什么不能自行旋转，尤其像地球自转一样那么有规律的每24小时就旋转一周呢？这个谜团至今还未揭开。

"幽灵岛" 为何会时隐时现

在南太平洋斯匹次培根群岛以北的地平线上，英国航海家于1707年在这里发现了一块陆地，并标在海图上；20世纪初，到北极考察的科考队员们再次发现了这块陆地；航海家沃尔斯列依在1925年经过该地区时，也发现过这个岛屿的轮廓。但科学家们在1928年前去考察时，在此地区却没有发现任何岛屿。但是后来它又浮出了水面，出现在人们的眼前。一个岛屿怎么能时隐时现呢？这着实让人惊奇。

这座小岛位于南太平洋汤加王国西部海域中，高60多米、方圆近5千米，是一个名副其实的小岛。据研究发现，这座小岛是在1831年7月10日因海底火山爆发型成的。1890年，它高出海面49米，1898年时，它又沉没在水下7米。1967年12月，它再一次冒出海面，可到了1968年，它又消失得无影无踪。就这样，这个岛多次出现，多次消失，变幻无常。1979年6月，该岛又从海上长了出来。据科学家预测，如果今后火山不再喷发，该岛仍有可能沉没、消失。由于小岛像幽灵一样在海上时隐时现，于是人们给起了个"幽灵岛"的名字。

在日本宫古岛西北20千米的海面上，也有一个类似的小岛，一年当中只有潮水变化最大的一天，它才肯露出海面，但仅仅3小时左右，它又潜入水中，无影无踪。

类似的事情也发生在大西洋北部。英国探险家德克尔斯蒂曾发现过一座盛产海豹的小岛，后来这个小岛被命名为德克尔斯蒂岛。探险家的发现，使得大批的捕捉者不远千里来到这个岛上，并建立了修船厂和营地。但是，让人奇怪的是，这个岛却在1954年夏季突然失踪了。政府出动了大量的侦察机、军舰搜寻均无结果。8个月以后，一艘美国潜水艇在北大西洋巡逻时突然发现航道上出现了一座航海图上从未标志过的岛屿。多年在此航行的潜水艇艇长罗克托尔上校对此大为震惊，他通过望远镜发现岛上有居民，通过询问才知道，这正是8个月前失踪的德克尔斯蒂岛。

面对这些奇异的幽灵岛，科学家们试图解开其中的谜团，提出了种种猜测。

法国科学家认为，由于撒哈拉沙漠之下有巨大的暗河流入大洋，巨量沙土在海底迅速堆积增高，直至升出海面形成临时的沙岛。但是，暗河水会出现越堵越汹涌的情况，汹涌的暗河水也会将自己堆积起来的小岛迅速冲垮，并最终被水流推到大洋的远处。

美国海洋地质学家京利·高罗尔教授却认为，海洋上的"幽灵岛"的基础是花岗岩石，而并非是由泥沙堆积而成。之所以会突然消失，主要是"幽灵岛"出现的海域是地震频繁活动的地区，海底强烈的海啸和地震使它们葬身海底。

而多数地质学家则认为，是海底火山喷发的作用形成此类小岛。他们认为，许多位于海洋底部的活火山喷发出来的熔岩和碎屑物质在海底冷却、堆积、凝固，并不断增多，高出海面形成新的岛屿。而小岛的消失是因为火山岩浆在喷出熔岩后，基底与海底基岩的连接不够坚固，在海流的不断冲刷下，新岛屿自根部折断，最后消失了。

此外，还有各种说法，有的学者认为，这不过是聚集在浅滩和暗礁的积冰，还有人推测这些"幽灵岛"是由古生的冰构成的，后来被大海融化掉。也有的学者认为，可能在海底又发生了一次猛烈的爆炸，使形成不久的岛屿被摧毁。还有学者认为，是火山活动引起地壳在同一地点下沉，使小岛最终陷落。

种种说法看起来都有一定的道理，但是却并没有真正解释类似汤加王国西部海域中的这种幽灵岛现象，它不是一次出现，然后消失不见了，而是一而再、再而三地出现消失、消失出现。同时，与其邻近的海域却没有这种异常现象发生。至今，这个难以解开的谜团还一直困惑着科学家们。

"好望角"为何又是"死亡角"

南非的好望角是非洲的最南端，"好望角"的意思是"美好希望的海角"，但最初它却称"风暴角"。从这个名字上，就能看出它的气候环境的恶劣。好望角也正是以气候恶劣、海浪滔天而闻名于世的。来自印度洋的温暖的莫桑比克厄加勒斯洋流和来自南极洲水域的寒冷的本格拉洋流在这里汇合，使得这里惊涛骇浪常年不断。

每年，至少有100多天狂风怒号，海浪滔天。最平静的日子里，海浪也有2米高，起风的时候，浪高有时高达15米！这里常常发生海难事故，这里除风暴危害外，还常常有"杀人浪"出现。这种海浪前部犹如悬崖峭壁，后部则像缓缓的山坡，波高一般有15~20米，在冬季频繁出现，还不时加上极地风引起的旋转浪，当这两种海浪叠加在一起时，海况就更加恶劣，而且这里还有一很强的沿岸流，当浪与流相遇时，整个海面如同开锅似的翻滚，航行到这里的船舶往往遭难，因此，这里成为世界上最危险的航海地段。好望角变成了海上的"死亡角"。

有关"好望角"一名的由来有着多种说法。最常见的说法有两种：一说为迪亚士1488年12月回到里斯本后，向若奥二世陈述了"风暴角"的见闻，若奥二世认为绕过这个海角，就有希望到达梦寐以求的印度，因此将"风暴角"改名为"好望角"；另一种说法是达·伽马自印度满载而归后，当时的葡王才将"风暴角"易名为"好望角"，以示绕过此海角就能有好运气。

可是，"好望角"并非因为国王给起了一个好名字而变得温顺。它照样是终日风浪，桀骜不驯。很多船只都没能绕过这个死亡角，从而葬身海底了。

1500年，连好望角的发现者——迪亚士也不幸在好望角附近的海面上丧

△ 好望角

生。仅20世纪70年代，好望角一带就有11艘万吨货轮遇难。

在众多沉船事故中，一艘名叫"世界荣誉"号的油轮沉没最令人感到意外。

那一次，"世界荣誉"号装载着49000吨原油，从"石油之国"科威特驶往位于欧洲西南部的西班牙。这艘巨轮设备先进，船体坚固，船员们的经验十分丰富，真称得上是世界一流的船只，一流的水手。照理说，这一趟航行是极为安全的。

可是，当"世界荣誉"号从北向南驶近好望角时，灾难突然降临了，20多米高的巨浪当头向油轮压了过来。当巨轮刚从深渊中浮起时，船底又涌起一股汹涌的浪头，将船"托"上浪峰。由于巨浪来得太突然，悬在空中的油轮，船头和船尾失去了支撑，而中部却承受不住几万吨原油的重力作用，船体终于出现了裂缝。在接二连三的海浪冲击下，船最终一折为二，很快地下沉。待到风浪暂停后，海面上除了浮着厚厚一层原油，什么都没有剩下。

好望角一带屡出意外引起了世界的震惊。一批又一批的科学家来到好望角附近，调查研究这里风急浪高的原因。经过一段时间的工作，科学家将造成好望角附近海域风浪大的原因归纳成以下两种说法。

有些人认为，好望角附近海域风浪大是由于西风造成的。好望角位于非洲大陆的西南端，它像一个箭头突入大西洋和印度洋的汇合处。在南半球中纬度地带只有非洲的好望角、南美洲的合恩角，以及澳大利亚南部沿岸和新西兰的南岛位于这里，其他几乎被三大洋的南部海域所环绕，构成一个封闭的水圈通称为南大洋，这里终年西风劲吹，风暴频繁。在夏季也是西风咆哮而过，冬季更是寒风凛冽，常年的西风把海水也驯服得环绕地球由西向东奔驰，形成了著名的"西风漂流"。因为好望角恰恰位于西风带上，所以当地经常有大风，大风激起了巨浪，经过的船只就处在危险之中。

"西风带说"的理论固然吸引人，但它存在一个致命伤——这种学说不能解释在不刮西风的时候，为什么海浪还是如此之大。一年365天，并非天天刮西风，刮西风时海浪可能被风激得很高，但不刮西风时呢？海浪还是那么大，那又该如何解释呢？

针对这一点，美国一位科学家提出了另一种说法——"海流说"。这位科学家分析了多起在好望角附近海域发生的海难事件。他发现，每次发生事故时，海浪总是从西南扑向东北方，而遇难船只的行驶方向是从东北向西南。也就是说，船行的方向正好和海浪袭来的方向相反，船是顶浪行驶的。

科学家还调查了当地的海流情况。据分析，好望角附近水下的海流与船只行驶的方向是相同的，换句话说，海底的海流推动船只顶着海浪前进，几股力量的共同作用就造成船毁人亡的结果。

但是，这两种说法也都存在着诸多的缺陷和不足。比如，海水是流动的，海流的方向也不能总是保持恒定。然而，不管是什么日子，只要船一到好望角附近的海面，马上就落入危险的境地，这又是为什么呢？科学家们还没能给出让人信服的答案。

奇异的平顶海山之谜

　　大海里面有山，这是很容易理解的事情，因为地质变化，一些原来是山的地方，变成了海洋；一些原来是海洋的地方，隆起变成了山；还有一些山下沉被水淹没，就变成了海山。但是，如果这些海山都不是我们平常见到的圆顶山，而是如同被截掉一截的平顶山，那就不是地质变化这么简单的原因了。

　　在太平洋的中部至西部，即夏威夷群岛、加罗林群岛、马绍尔群岛和斐济群岛一带的深海底，就有这样数座奇异的海山，它们的顶部都是平坦的，被称为"平顶海山"。19世纪40年代，美国海洋地质学家赫斯对此进行了较系统的研究，为纪念他的老师普林斯顿大学地质系教授阿罗尔德·盖奥特，他把平顶海山命名为"盖奥特"，并著文阐述平顶山的特征。这种海山除太平洋外，在大西洋和印度洋中也存在，它们有的孤独耸立于海底，有的成群出现。平坦的顶部多圆形或椭圆形，直径一般从几百米至三万米，顶部离海面最浅为400米，最深为2000米，平均1300米。赫斯认为，平顶海山是沉没了的岛屿。但为什么它的顶部如此地平坦呢？赫斯却无法说明。

　　后来许多地质学家继续进行了研究。从平顶海山的顶部打捞到了呈圆形的玄武岩块，表明它们是火山弹的原有形状，因而，有人认为，它们可能是一座海底火山，顶部是火山口，被火山灰等物质填平了，所以呈现平顶。年龄测定表明，它们形成于距今1亿年到2500万年之间的火山大量喷发时期，这就给火山说提供了一个依据。

　　20世纪60年代，从太平洋西南的凯普·约翰平顶海山的顶部打捞到6种造礁珊瑚：厚壳蛤以及层孔虫等生物化石，以后在太平洋中部又有类似的发现，表明平顶海山的顶部过去有过珊瑚礁发育。造礁珊瑚要求生活在有光照

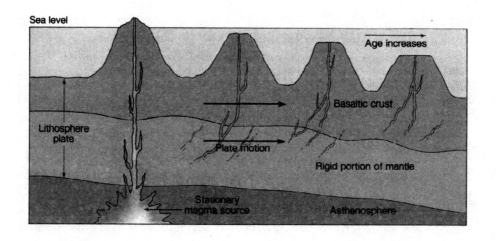

Sea level

Age increases

Lithosphere plate

Basaltic crust

Plate motion

Rigid portion of mantle

Stationary magma source

Asthenosphere

△ 平顶海山形成示意图

的水体里，因而其生存的最大水深在50米左右，可见，曾经有一段时间，海山顶部的水深不超过50米。由于此时的海山顶部离海面近，风浪就有可能将其削平，并在其上发育造礁珊瑚。以后，海底山下沉，沉到水深400米以下的地方，所以平顶海山上就残留着以前发育的造礁珊瑚和其他喜礁生物，但美国学者德利提出，海底火山不一定发生过上升和下沉，而是在天气寒冷的冰川时期，海平面大幅度下降，使海底火山的顶部出露海面被风浪削去。但天气能否冷到使海面下降几百米以至2000米，目前还没有找到可靠的证据。况且，有些平顶海山的顶部宽达40～55千米，说它是被风浪削平的似乎难以使人信服。

现代著名海洋地质学家孟纳德认为，太平洋中的平顶海山都位于一片原来隆起的地壳上，他称之为"达尔文隆起"。这些隆起上的许多海山，其顶部接近海面，被风浪削平，尔后，整个隆起下沉，便形成今日平顶山的面貌。但许多科学家并不同意孟纳德的见解，他们认为没有事实证明"达尔文隆起"存在过。

由于深海调查资料的缺乏，人们对海底奇特平顶海山的真面貌目前还了解不多，已提出的各种说法还缺乏说服力，因而需要科学家们进一步研究，才能揭开这个海洋之谜。这些解释孰对孰错，科学家们还没有达成共识。

"巨菜谷"的土地有何神奇之处

随着航天科技的发展，人们了解到，如果将某种植物，或者蔬菜的种子带到太空游历一圈，然后再回到地球栽种，这种植物或者蔬菜就会比同类的长得大很多。这是种子在太空失重的状态下发生变异导致的。但是，在地球上，有三个地方，那里的蔬菜种子不用带到太空转一圈，个个长得都比同类大很多倍。由于这三个地方所有的植物生长都异常高大而迅速，所以被人们称为"巨菜谷"。

这三处"巨菜谷"分别是：美国阿拉斯加州安哥罗东北部的麦坦纳加山谷、苏联濒临太平洋的萨哈林岛（库页岛）、印度尼西亚的苏门答腊。这三个地方的蔬菜长得异常硕大：土豆如篮球，白萝卜20多千克一个，胡萝卜直径有20厘米粗、约35厘米长，一颗卷心菜重达30千克，豌豆和大豆会长到2米高，牧草也可以没过骑马者的头。

巨菜谷的蔬菜为什么能长得那么大呢？起初，人们认为那是一些特殊品种的蔬菜，但经考察研究，都是一些普通蔬菜。因为，将外地蔬菜种子拿去，只要经过几代繁衍，也会在那里变得出奇地高大；而把那里的植物移往他处，不出两年就退化成和普通植物一样了。

科学家对此提出过多种假说、做过许多相关实验。

第一种假说认为，这是因为"巨菜谷"地处高纬度地带，夏季日照时间长，那里的植物能够吸收到特别充足的阳光，从而刺激了它们的生长激素，导致其疯狂生长。可是，还有很多地方和"巨菜谷"处于相同的纬度，却并未发现有如此高大的同类植物。

第二种假说认为，"巨菜谷"现象是骤冷骤热的日夜温差，破坏了植物生长系统才使得它们疯狂生长，但与"巨菜谷"有类似气候条件的其他地方

△ 巨菜谷中的巨形马铃薯

却没有这一奇异现象。

　　第三种假说认为，可能是"巨菜谷"富饶的土质或者土壤中有什么特别刺激生长的物质在起作用，科学家对这里的土壤进行了实地化验，结果却提供不出可以说明此处土质特殊的资料和数据。

　　第四种假说认为，起作用的是上述各种条件的综合。某一条件相同的其他地方由于不具备如此巧合的几方面条件，所以生长不出这样高大的蔬菜和植物。但是，这又无法解释为什么萨哈林荞麦在欧洲第一年可以照样长得巨大。

　　种种假说都被人们实验、研究的结果无情地否定了，许多科学家都曾到"巨菜谷"作过考察，提出了种种解释，但始终没有一种理论能把"巨菜谷"出现的奇迹确切加以说明。

　　近些年，随着科学的发展，人们试着从别的角度来探索巨菜谷植物疯长的原因。

有人注意到有一种寄生在植物幼芽上的细菌会分泌一种赤霉素，这种植物激素具有促使植物神速生长的奇效。因此，他们认为三地的巨型植物的出现，可能是某种适宜当地生长的微生物的功劳。但究竟是哪种微生物，目前还没有查清。

还有研究表明：从距今6000万年前至距今3.09亿年前的这段史前年代，植物品种比目前低级，在比目前生存环境还差的自然条件下，当时的植物生长速度却要比目前快得多，体形大得多。史前年代植物疯长同现阶段"巨菜谷"植物疯长的现象具有惊人的相似之处，它们应该是由于同一类原因造成的，不同之处在于史前年代是全球性植物疯长，而当今仅有"巨菜谷"这三个弹丸之地出现了植物疯长现象。

科学研究显示，史前全球植物疯长是重水含率极低，射线强度高，电场磁场强度高等原因所致。在现代地球常态条件下，只要某个系统中重水含率比0.015%正常值低25%以上，生物体就会发育良好、生长迅速、植株硕大。史前年代，自然水系中重水含率远低于0.015%正常值，加上强大的射线、电场磁场对植物生长的刺激促进作用，植物长得又快又大也就理所当然了。

据此，专家们推测，三处"巨菜谷"所在地的地下深处土壤岩石中储存了史前年代的低氘轻水，并被源源不断地输送至地面，或者地下深处的土壤岩石具有过滤重水的功能，普通水经过滤后达到地面时成了轻水；那里地下埋藏了大量的放射性元素矿藏；"巨菜谷"的地质构造、地形地貌、空间、气象条件等因素造成那里形成强电场、磁场；另外加上土地肥沃、温度适宜、阳光充足、空气湿润等优越的环境造成"巨菜谷"出现植物的返古现象，成为显现古代生机勃勃生态环境的一个缩影。

但是不是就是这个原因造成的，还有待科学家进一步研究证实。

火山为什么会喷发

　　火山喷发，是地壳中的岩浆向上喷出地面时的现象。一般情况下，地壳把岩浆紧紧地包住。地球内部有相当高的温度，岩浆不甘于寂寞，它老是想要逃离出去。然而，由于地下的压力极大，岩浆无法很轻易地冲出去。地下受到的压力在地壳结合得比较脆弱的部分比周围小一些，这里的岩浆中的水和气体就很有可能分离出来，促使岩浆的活动力加强，推动岩浆喷出地面。当岩浆冲出地面时，原来被约束在岩浆中的水蒸气和气体很快分离出来，体积迅速膨胀，火山喷发就此产生。

　　岩浆冲出来的通道是否畅通与火山喷发的强弱有很大关系。如果岩浆很黏很稠，有时再加上火山通道不但狭窄而且紧闭，这时就极易被堵塞，这就需要地下的岩浆聚集非常大的力量才能把它冲破，一旦冲开，伴随的就是一场威力极猛的大爆炸。有时候，一次火山喷发过程，就可以喷发出来几十亿立方米的火山碎屑物；假如，岩浆的黏稠度小，所含气体也不多，通道相对而言比较畅通，经常有喷出活动，那么就不会引起大的爆炸。夏威夷群岛上有一些火山，就是第二种情况。

　　火山总是在那些地壳运动较为强烈，而且相对而言较为薄弱的地方分布着。这种地方陆地上和海里都有。海底的地壳很薄，一般只有几千米，有些地方还有地壳的裂痕，所以在海洋底部分布着很多火山。例如临近大西洋中部亚速尔群岛的卡别林尤什火山，它位于一条巨大的断裂带之上，当它喷发而出时，炽热的浪涛从深邃的海洋底部涌出，一时间，洋面会沸腾起来。在开始时人们还以为是一条大鲸吐出的水柱呢！它的火山喷发活动持续了13个月，结果一片好几百公顷的新陆地出现了，这块新陆地与亚速尔群岛中的法雅尔岛连接在一起。海洋中有很多像这样的海底火山。

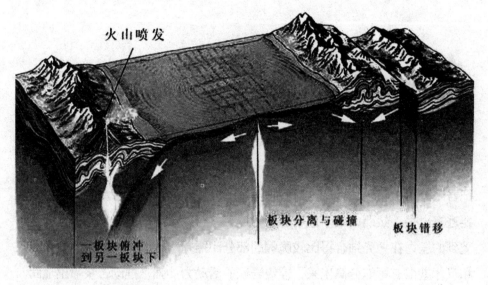

火山喷发

板块分离与碰撞

板块错移

一板块俯冲
到另一板块下

△ 火山喷发的成因示意图

在火山喷发过程中，会有岩浆喷出地面，那些岩浆的活动能力极强，可以时常喷发的火山在地质学中被称为"活火山"。例如，位于太平洋中的夏威夷群岛上的基拉维亚火山，长期以来总有岩浆从中不断地涌出，有时还会发生极为猛烈的爆发，它就属于活火山。有一些火山在喷发之后，需要经过很长一段时间在地下聚集起足够的岩浆才可以再次喷发，当它暂时不再活动的时候，被地质学家称为"休眠火山"。例如在北美洲西部的喀斯喀特山脉中就有很多这样的火山。人类并没有找到它们曾爆发过的历史记载，但根据探测，它们还有活动能力。不过，这一类火山，有的也可能就此一直沉睡下去。还有些火山因为形成时间很早，地下的岩浆已经冷凝固化，不再活动，或是虽然地下还有岩浆存在，但因为那里地壳厚实坚硬，其中差不多所有的裂缝都被以前挤入的岩浆凝结堵塞住，岩浆无法再喷发出来了。地质学上把这些已失去了活动能力的火山叫做"死火山"。例如，非洲坦桑尼亚边境上的乞力马扎罗山，就是一座非常有名的死火山。人们可以从飞机上清晰地看到火山口内堆积着很厚很厚的白雪。

地球上的岩石是怎样形成的

岩石分布在地球的各个地方。有些地方虽然从表面上看是泥沙，但下面则是岩石；还有海洋、江河，在水层底下也是岩石。岩石紧紧地裹在地球的外面，人们把它叫做岩石圈。岩石圈最厚之处已超过100千米，换言之，不但地壳是由岩石构成的，就连地幔的最上端也是由岩石构成的。

为什么地球上会有如此多的岩石呢?

林耐，这位瑞典著名博物学家曾经说过这样一句名言："岩石并非自古就有，它们是时间的孩子。"的确，地球上每一块岩石都是在地球的演变过程中渐渐形成的。

根据岩石不同的形成作用，我们能够把所有的岩石划分为火成岩、变质岩、沉积岩三大类。

火成岩是地球岩石圈的主要组成部分。地壳中大约3/4的岩石以及地幔顶部的全部岩石属于火成岩。火成岩是由炽热熔融的岩浆冷却凝固之后形成的。

早先形成的包括火成岩、变质岩和沉积岩等在内的岩石，在地面暴露以后，会受到侵蚀和风化作用的破坏，逐渐转化为化学分解物和泥沙。这些化学分解物和泥沙经过水、风或者是冰川等搬运，最后在湖海盆地或者其他低洼处堆积，再经过漫长的时间的压紧胶结和地球内部热力的影响，再一次固结成为岩石，形成沉积岩。

岩石在地球的演变过程中，受到强烈的挤压或高温的影响，或者被注入外来物质，从而发生面目全非的变化，一种新的岩石由此产生，我们把这种岩石称为变质岩。

总之，地球上的所有岩石的形成，都无法脱离以上三种途径。

什么力量在驱使地球运动

　　地球的运动是不断变化着的，而且相当不稳定。依据"古生物钟"的研究，地球的公转速度在一年一年地变快。如地球公转一周在4.4亿年前的晚奥陶纪需要412天；到了3.7亿年前的中泥盆纪，一年则为398天；至6500万年前的白垩纪，每年需用时间约为376天；而现在一年仅仅有365.25天。地球自转正在变慢的结论也可以用天体物理学的计算进行证明。科学家把这一现象解释为是因为太阳和月球对地球的潮汐作用产生的结果。

　　地球的公转同自转一样，也并非匀速运动。这是由于地球公转的轨道是一个最近点与最远点相差约500万千米的椭圆。当地球由近日点向远日点运动时，离太阳越远，受太阳引力的作用越弱，速度越慢，由远日点到近日点时则相反，运行速度加快。

　　此外，地球公转轨道与自转轴并不垂直；地轴也不是很稳定，而是像一个在地球轨道面上做圆锥形的旋转运动的陀螺。地轴的两端并不是一直指向天空的某一个方向，例如北极点，而是以这个点为中心，画着不规则的圆圈。地球的运动造成了地轴指向的这种不规则性。

　　科学家还发现，地轴在天空上的轨迹绝对不是在圆周上的移动，而是在圆周内外做摆幅为9″的周期性的摆动。

　　此外，地球还随同太阳系一道在宇宙中围绕银河系运动，并同银河系一起在宇宙中飞驰。在宇宙中地球不停地运动，生生不息，可能自它形成时起这种奔波便开始了。

　　就目前地球在太阳系中的运动来说，其减速或加速都不可能离开太阳、太阳系其他行星及月亮的引力。人们一定会有这样的疑问，最初地球是如何运动起来的呢，将来又将如何运动下去，它公转速度会一直快下去吗？

人们或许还会问，地球运动需不需要消耗能量呢？如果需要，所消耗的能量又是从哪里来的呢？如果不需消耗能量，那它会是"永动机"吗？最初使它开始运动的又是什么呢，所谓的第一推动力到底存在不存在呢？

牛顿曾耗费其后半生的精力来对第一推动力进行探索与研究。他得出了这样的研究结论：是由上帝"设计"并塑造的宇宙

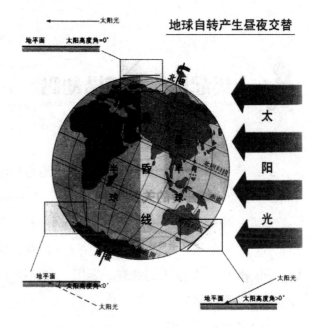

△ 地球自转示意图

运动机制。并且，上帝还给予了它第一次动力，使它们可以运动。现代科学对第一推动力的回答则是否定的。那么，究竟什么才是地球乃至整个宇宙的运动之谜的真正谜底呢？

人类起源于地球浩劫吗

人类作为一种高级动物，从何而来？这是科学家们至今一直在不断探求的人类起源谜团之一，也是很多人一直很感兴趣的问题。

对此，中德早期生命课题组的专家们进行了研究，之后，他们对外宣布，大约在5～6亿年前，地球上发生了三次最大规模的异常事件。这可能导致了原始低级生命基因的突变、重组，继而种类繁多的动物及人类的"祖先"才迅速繁殖起来。

一、"寒武纪大爆发"

中国科学院南京古生物研究所的朱茂炎研究员是"寒武纪大爆发时期地区环境和生命过程"的首席科学家。他为我们描述了一幅多姿多彩的图画：大约7.5～6.5亿年前，地球上白雪皑皑，平均温度在零下30摄氏度以下，这就是地球史上著名的"大冰期"。大量包括微生物之类的原始生命，被冰封在地下，无法实现生命的进一步突破。奇怪的是，到了5.8亿年前的"寒武纪"，动物生命毫无征兆地繁荣起来，一派生机勃勃的景象，三叶虫、小春虫等动物都大量出现了。动物品种的丰富让专家咋舌，科学家把这个时代定为"寒武纪大爆发"。但是，冰川是如何过渡到生命突然繁荣的时代呢？历史留下了一连串的问号。

二、动物生命是起源于火山和热水附近吗？

朱茂炎介绍，经过研究确认，在6.3亿年前，5.5亿年前，5.4亿年前，地球上肯定发生了3次明显的异常事件，其规模、强度是空前绝后的。朱茂炎描述，变化过程极其惊心动魄，南极北极磁极倒转、地球大陆板块裂解、火山呼啸喷发、冰川开始溶解、滚烫的熔浆与冰块碰撞后发出巨大的声音、地球气温开始急速升高、全球海平面下降。类似磁极倒转这样的事件如果发生在现在，可以说是人类的灭顶之灾。但在那时，却使冰封许久的原始生命一下爆发，冰火的激情碰撞激发出新的生命基因。虽然上面的这幅场景还有待进一步研究确认，但是在华南地区，已经有研究表明那个时期火山和热水活动非常频繁，动物生命很

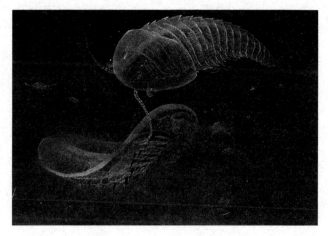

△ 寒武纪大爆发

可能起源于火山和热水附近。

三、"生命怪胎"记录进化失败

前不久，中科院古生物所的陈均远教授发现了"贵州小春虫"。小春虫生活在寒武纪大爆发时代，是目前所发现的最早的动物。从3次异常事件到小春虫，生命的进化果真"一帆风顺"吗？专家说，它们也经历了"失败"。目前，科学家们在南非和澳大利亚找到了"埃迪卡拉"生物群，有的化石长达几米。这些生物生活在"小春虫"之前，但从化石上分析，它们没有植物的器官，也没有动物特征，像"树木"一样挺立，存在生命的迹象。专家推测，这可能就是异常事件之后，生命进化的一次"失败尝试"。

四、人类身世之谜有望解开

朱茂炎承认，现在动物生命起源之谜还只是个初步发现，除三次异常事件能肯定外，很多事情还没有完全研究透彻，比如动物的共同祖先到底是谁？可能是"小家伙"，结构比较简单，但究竟是个什么东西还得研究。目前，整个课题组已经吸纳了德国、法国等40多位中外科学家，他们将分别从古生物、地球化学、地球构造等不同角度入手，相信不久可以逐步解开生命的起源之谜。

人类种族起源之谜

人种或种族是根据能遗传的体质特征而区分的，主要是根据皮肤的颜色，头发的形状和颜色、眼、鼻、唇的形状等来划分的，如黄种、白种、黑种等。

早在1775年，德国的布鲁门巴赫，就根据肤色、发型等体质特征把全世界的人划分为5个人种，即白种、黄种、黑种、红种和棕种。两百多年来，许多人利用各种体质性状以及生理特征等提出了多种分类方法，从最少的两分法到最多的五六十种的分法（库恩，1976年）。

人种最通常的分法是三分法和四分法。三分法是蒙古人种（又称黄种或亚美人种）、高加索人种（又称白种或欧罗巴人种）、尼格罗人种（又称黑种或赤道人种）。四分法则把澳大利亚人种（又称棕种）从黑种中分出来，与三大人种并列。

那么，这些人种是如何起源的呢？至今仍有不同的理论或假设。

一、黑种人的起源

过去，一般都认为非洲现代人出现的时期较晚，现代的黑人是由北方的地中海区域而来的。由于近年来，一方面年代的测定数据有了很大的变动；另一方面非洲有了不少重要的新的人类化石的发现，年代都比较早，从而认为亚洲西南部的和欧洲的晚期智人最早可能都来自非洲。

在讨论非洲各化石地点的年代测定以前，首先需要说明一下非洲石器时代的分法、名称与其他区域的不同。非洲的石器时代分为早石器时代、中石器时代和晚石器时代。1970年克拉克提出非洲中石器时代（简称MSA）的年代大约距今4～10万年，大体与欧洲的旧石器时代晚期相当。可是1972年沃格尔和博蒙特发表一系列非洲各化石地点的数据，对非洲石器时代的年代作出了很大的修正，认为中石器时代的开始远大于10万年前，结束于3.7万年前。

根据氧同位素的测定，南非边界洞的沉积，表示中石器时代的开始大约在19.5万年前，另一地点克莱西斯河口得出的开始年代为大约12.5万年前。东非的中石器时代的年代也同样提前了。埃塞俄比亚齐韦湖附近的中石器时代的年代，用钾-氩法测定分别为距今18.1万±0.6万和14.9万±0.13万年。肯尼亚莱托里地区的加洛巴层位的中石器时代的年代大约为距今12.0万±0.03万年。

综合各方面的数据，非洲从最晚阿舍利期到最早中石器时代过渡的年代在距今13~20万年之间。边界洞的研究表明最晚的年代大约为5万年前。

在非洲发现的与黑种人的起源有关的主要化石地点有南非的弗洛里斯巴、边界洞和克莱西斯河口，东非埃塞俄比亚的奥莫和坦桑尼亚的加洛巴等。

弗洛里斯巴人化石是1932年在南非发现的，材料包括完整的额骨、部分顶骨和右侧的面骨，其年代可能在4万年前。可能与过去叫布西曼人、现在本民族叫桑人的人有亲缘关系。但也有人（赖特迈尔，1978）认为它与桑人无关，而与布罗肯山人有相似的性状。

边界洞位于南非纳塔尔省北部。从1941年迄今，在那里至少发现代表4个人的化石。洞内有人类长期居住的证据，但地层记录混乱，其年代最晚的在1.5万年前，早的在4.8万年前，测定附着在部分颅骨上的土壤的年代结果在10万年以上。

所有人类化石的形态明显是现代人的。德利尔斯于1973年，博蒙特等于1978年，强调边界洞人是现代非洲黑人的祖先，但其他人类学家如赖特迈尔于1984年认为不大可能，颅骨测量的多变量因子的分析显示其与刚出生的男性黑人相似。

克莱西斯河口人是在南非好望角海岸的一个洞穴堆积中发现的。人类化石有头骨破片和一个较完整的下颌骨，其形态完全与现代智人相似。同时发现有中石器时代的石器和许多动物化石，其年代最早为距今12~13万年，最晚为大约距今6万年，这种人在这里生活的时期至少长达6万年之久。辛格和怀默于1982年发表了这个洞穴发掘报告的专刊。

奥莫人标本是1967年在埃塞俄比亚西南部奥莫盆地的基比什组发现的两个头骨。奥莫2号头骨较大，脑量在1400毫升以上，其年代不能确定。巴策尔等于1969年用铀–钍法测定堆积中出土的蚌壳，得出的年代为距今13万年，头骨的形态似为较早的现代智人。

在坦桑尼亚莱托里地区的加洛巴层位中，1976年发现了一个保存得相当完整的颅骨，明显是现代智人的形态，但有一些原始性状如发达的眉脊，其他性状则与奥莫头骨相似。经测定其年代相当于12万年前的层位。

在地中海以南和摩洛哥大西洋沿岸的马格里布地区的人类化石，其年代在距今5万年以内，显示他们与现代智人的性状有相似处，因而认为它们之间有联系，有基因交流。

总的看来，非洲的上述人类化石，其形态近于现代人，其年代的可靠程度不一，都存在某种程度的问题。现有的证据也还不能肯定非洲撒哈拉以南的解剖结构上的现代智人分化较早的观点。但是年代修正的结果显示：过去认为非洲撒哈拉以南地区，与北非和欧洲相比，在技术上是落后和停滞的看法，是不正确的。非洲撒哈拉南北在技术上的重要变化大约是同时出现的，甚至非洲南部更早，虽然在文化性质上是属于不同的系统。

二、黄种人的起源

中国发现的晚期智人化石具有明显的黄种人的特征，而且不仅晚期智人化石如此，中国的早期智人以及直立人化石也具有不少黄种人的性状。

在1941年，魏敦瑞就指出北京猿人具有一系列与蒙古人种密切有关的性状，如头骨前部正中有矢状脊，后部有缝间骨（印加骨），以及宽阔的鼻骨，鼻梁侧面的轮廓，前突的颧骨，上颌骨的额蝶突，圆钝的眶下缘，铲形的上门齿，上颌、外耳道和下颌的圆枕，股骨的极度平扁和肱骨极发达的三角肌粗隆等。从而他认为北京猿人是智人的直接祖先，而与蒙古人种的关系比或者与其他人种，特别是与白种的关系要密切得多。

以后不少人类学家支持这种观点，认为上述的不少性状在蒙古人种中的出现率最高。

从现有的化石证据来看，在中国发现的人类上门齿化石都是铲形的，如元谋、周口店、和县、郧县、桐梓、营口金牛山、丁村、柳江、河套、山顶洞的标本，无一例外。在新石器时代和现代中国人的标本中，铲形上门齿占有极高的百分率，高于任何其他种族。

另一有关牙齿的特征是第三臼齿的先天性缺失。蓝田猿人的下颌骨是老年人的，但两侧都没有第三臼齿，是先天性缺失的例子。年龄在40岁以上的柳江人上颌骨也没有第三臼齿。

在现代人中，第三臼齿先天性缺失的百分率在蒙古人种中最高。

从额骨来看，蓝田、北京周口店、和县、大荔、马坝、资阳的头骨上都有明显不同程度的矢状脊。保存有部分鼻骨的化石，如蓝田、北京周口店、营口金牛山、大荔、马坝、柳江、山顶洞等标本，都有较宽阔而较垂直的鼻部。保存有颧骨部分的标本，如北京周口店、营口金牛山、大荔、马坝、柳江和山顶洞人化石，都具有向前突出的颧骨。印加骨存在于北京周口店、大荔、丁村和许家窑的人化石标本。

上述这些在现代蒙古人种中出现率特高的性状，在中国发现的直立人直到晚期智人中都经常出现。显示它们与黄种人和现代中国人之间存在着连续性，有着亲缘上的继承关系。自然，在这漫长的人类发展过程中，必然也与其邻近地区有着不断的基因交流。

三、白色人种的起源之谜

白种人的三个起源，一个是阿拉伯半岛，产生了闪米特人（如古埃及人、古西伯来人、古阿拉伯人、古埃塞俄比亚人……）；一个是阿尔泰山-阴山，产生了古西徐亚人、古匈奴人（荤粥）、古大月氏人，值得一提的是匈奴是一个黄白人种混杂的部落集团，我国和蒙古出土的匈奴贵族墓尸具有古高加索人种特征，而且墓室壁画表明他的瞳孔是蓝色的。雅利安人就是古印欧人，是一万年前中亚的游牧父系氏族集团，公元前4000年前后分裂。东迁的一支进入新疆，后建立各种小王国（汉代的楼兰也是），南迁的一支灭了古印度，西迁的一支进入伊朗较著名的就是古波斯人和米底亚人，北迁的一支据说是北欧和日耳曼人的祖先，留下来的后被阿兰人、匈奴人、大月氏人同化。

古希腊人、拉丁人、法兰西老祖宗克尔特人、伊朗人、斯拉夫人、日耳曼人都是雅利安人的后裔，其起源于中亚，日耳曼人最早居住在里海一带，和其他各支雅利安人（如希腊人的祖先阿该亚人，侵入小亚的赫梯人，还有入侵印度的那一支）一样是个游牧（牧牛）部落。后来他们消灭了西迁的西徐亚人（哈萨克人远祖），在南俄草原定居下来，而斯拉夫人或许受其挤压居住在俄罗斯大草原以北，靠采集浆果、蜂蜜和狩猎为生。

四、棕色人种的起源

在澳大利亚发现的人类化石及较早的人类骨骼有着明显的两种类型：一类是骨骼粗壮、身材魁梧的人群，如科萨克人、塔尔盖人、莫斯吉尔人、科阿沼泽人等；另一类是骨骼较为细小、身材纤细的人，如凯洛人、芒戈湖人等。两者的文化也不相同。

澳大利亚的人类化石中年代最早的不过距今3万多年。以后还可能发现更早一些的人类化石，但一般估计不大会超过5万年。因此可以肯定，澳大利亚的土著人是由其他地区的早期人类迁入的。但究竟是从哪里来的呢？长时期以来有着不同的意见。

1922年，杜布畦在分析爪哇发现的瓦贾克头骨性状时，就曾指出它与澳大利亚土著人的关系。1946年，魏敦瑞根据爪哇发现的特里尼尔和桑吉兰直立人化石以及昂栋头骨的性状，也提出它们的材料与澳大利亚的人类化石和现代人有着明显的相似性，表明澳大利亚的现代人是由爪哇的直立人经昂栋人、瓦贾克人发展而成的，所以澳大利亚的塔尔盖人、科休纳人头骨等保留一些类似猿人的原始的粗壮性状。以后库恩在1962年，麦辛托希在1965年，也表达了类似的意见，但也有人反对。

如豪厄尔斯于1967年及1973年、卢卡于1980年，认为爪哇的人类化石与澳大利亚的没有明显的形态上的联系。

伯塞尔在1949年、1967年和1977年一再倡导三次混合说。他根据现代人形态的变异，提出过去发生过三次形态上不同的人群经过印度尼西亚到澳大利亚的理论,第一次为大洋洲小黑人,其来源地点不明;第二次为默雷英人,其来源与阿伊努人有关;最后一次迁入的人群是卡彭塔里人,以印度为其进化中心。近10年来弗里德曼、洛弗格伦在1979年,索恩在1977年、1980年,提出两种来源的理论。前者认为在澳洲曾经有过两次互不相干的迁移:一种是南路,一批以粗大骨骼为代表的体格魁梧的人来自东南亚,可能从爪哇经过帝汶而进入澳大利亚西北部,然后沿西海岸南下;另一种是北路,可能从东亚中国华南来的体态较为纤细(根据骨骼)的人群,经过印度支那、加里曼丹和新几内亚而进入澳大利亚东北部,随后沿东海岸南下,其中一部分也许最后越过陆桥而到塔斯马尼亚。这两批不同来源的人群互相混杂,产生了现代澳洲土著人,其形态介于这两种祖先类型之间。

索恩近来特别强调在我国广西柳江发现的柳江人头骨与澳大利亚发现的凯洛头骨有着明显的相似性状,显示它们之间有着一定的亲缘关系。柳江人是在我国南方形成的蒙古人种的最早代表,同时其许多性状在一定程度上处于蒙古人种与澳大利亚人种之间。

对澳大利亚近邻地区发现的人类化石的形态分析,也有助于我们了解澳大利亚土著人的起源。

爪哇的瓦贾克头骨,一方面有一些性状与澳大利亚土著人相似,如明显的齿槽突颌,鼻腔下缘不明显,头骨壁很厚,牙齿巨大等;另一方面又有一些与蒙古人种相似的性状,如宽阔和平扁的面部,平扁而不凹陷的鼻根等特点。但瓦贾克头骨的年代不能确定。最初从其石化程度判断,认为可能是更新世晚期,后来得知骨的成分中无氮以及从相关动物群的对比,表明其年代较晚,可能是全新世。

菲律宾塔邦洞发现的头骨,一方面具有与澳大利亚土著人相似的一些性状,如额骨的特长,眶间宽小,眶上脊部分明显前突等;另一方面又与周口店的山顶洞人101号头骨有相似的性状,如很发达的眉间区和宽阔的眶上沟等。

加里曼丹的尼亚头骨和新几内亚的艾塔普头骨也有类似的情况。以上种种表明它们与澳大利亚人种有一定的联系,又与蒙古人种有基因的交流,也暗示原始人类从我国华南地区逐渐迁徙到澳洲的可能途径。

五、红种人的起源

美洲的印第安人是美洲的土著居民，过去曾被称为红种人，以为他们的皮肤是红色的，后来发现他们的红肤色是由于他们习惯在面部涂以红色颜料，而实际上肤色是黄的，是黄种人的一个分支。

美洲人（印第安人）的起源问题也是长时期以来存在很多争论的一个问题。考古学家和人类学家一般都同意人类最早是从白令海峡进入美洲的，不管是乘船还是通过一度连接亚洲和北美之间的陆桥。但对最早进入的时间仍有争论。

美洲人起源于何时？有人认为美洲在距今1.15万年或1.2万年前还没有人类的踪迹，有人则认为早在距今5万年甚至更早的时候已有美洲人出现。

从考古学上看，1926年在美国新墨西哥州福尔索姆附近发现了尖状器，同时发现有绝迹的野牛骨骼。1932年又在该州克洛维斯附近发现了年代更早的另一种尖状器，测定的确凿年代为距今1.15万年，伴有猛玛象骨骼。这是在美洲已发现的年代肯定的最早的考古遗物，更早的遗物虽有许多报道，但其可靠性都不能肯定。

从美洲人的体质形态来看，全部美洲土著人（连同爱斯基摩人）在形态上是很相似的，如色素、发型、多种血型、门齿类型等都非常一致，没有像在非洲、欧洲、更不用说澳洲那样大的变异。他们的形态性状与西伯利亚和其他东亚的黄种人非常接近，因而可以推测其起源是在较近的时期，最多是1.4～2万年。

从美洲发现的人骨证据来看，过去被认为其年代在1万年以上的美洲早期人类骨骼都被否定了，如1972年在美国加利福尼亚州旧金山附近发现的森尼瓦尔骨骼，20世纪20到30年代中在加州发现的德尔马尔骨骼（也叫拉乔拉或桑迪戈人骨骼），1961年在加拿大艾伯塔省发现的泰伯幼儿骨骼，1936年在厄瓜多尔发现的奥塔瓦洛骨骼，1936年在加州发现的洛杉矶骨骼，1971年在加州南部发现的尤哈骨骼，1953年在加州发现的米德兰德骨骼等。这些材料都被认为是全新的现代人的骨骼。

人类的祖先是海豚吗

　　一位叫米高尔·奥登的法国医学家最近他提出一个惊世骇俗的观点：人类的祖先理应是海豚！因为人类和海豚的亲缘关系超过猿猴。

　　首先，从动物的"食、性"这两个最基本的本性分析，人类和海豚都喜欢吃鱼、虾与海藻，猿猴却不喜欢；此外在生物界，只有人类与海豚等海洋哺乳动物是面对面性交的，猿猴则是伏于背部进行的。

　　越来越多的海洋学家证实，海豚无论在"智商"还是"情商"上，都让黑猩猩甘拜下风。

　　海豚"部落"，拉拢朋友，挑拨敌人。

　　当然，最有说服力的还是科学实验。澳洲科学家对多个海豚"部落"连续3年跟踪观察发现在一个海豚大团体中，往往又有好几个"小山头"，在大部分时间里，它们都能为了共同利益做到"求大同而存小异"。但有时如果几个"小山头"难以达成"共识"，一个"小山头"的海豚还会通过讨好贿赂、挑拨离间等方式促使其他"小山头"里的一些强悍勇猛的雄海豚"背叛"，并重组成新的更为强大的"联合舰队"，用以对付或压服其他各霸一方的"小山头"。

　　有时候，海豚还会与金枪鱼结成临时的"互助组"，为的是更有效地合力围捕鲭鱼群，而一旦不需要这种合作，伙伴关系也就自行结束。这就意味着海豚是十分"势利"的，每一头海豚随时随地都在琢磨着谁是盟军、谁是敌人——如果还必须是朋友，那么就得拉拢住，即便虚情假意也行；但要是已毫无利用价值，那么就一脚蹬开，或敬而远之。

　　美国科学家通过一项最新研究证实，海豚可能具有"自我意识"。要知道，"自我意识"代表的是智力的高度发达，是人类有别于其他动物的重要标志之一。目前科学家已确认，除人类外，只有大猩猩等灵长类高等动物才具有"自我意识"。

小孩子刚出生时还没有"自我意识"，一般要长到一岁半时才能认出镜子里自己的形象，"自我意识"才开始显现出来。就记忆力而言，海豚大脑的工作效率仅次于人类，而且它还有人类没有的、令海军声呐系统也黯然失色的高超声呐系统。

为了证明海豚或其他动物具有"自我意识"，纽约州州立大学的动物心理学家们设计了一种别具一格的"标志测试"法。具体做法是：用一种涂料涂抹在受实验动物身上，然后让其照镜子。如在看到镜子里的形象后有意审视自己身上留有的颜色标志，就被认定为表现出了"自我意识"。

大部分接受"标志测试"的动物对镜子里的自身形象置之不理，或误把它当做另一同类而与之搏斗（如公鸡），只有猩猩、黑猩猩和大猩猩等灵长类动物才会利用镜子来检查自己的身体，从而通过了"标志测试"。

此外在非灵长类动物中，仅有在身体上被打上标记的海豚反复游到镜子前，不断地翻动身体，并且通过镜子察看自己身体上的染色标志，显示出有"自我意识"的迹象。让科学家迷惑的是：灵长类动物的大脑和海豚的大脑在大约600万年前经历的是不同的演化途径，但海豚却达到甚至超过了灵长类的智力水平。

还是一种说法是这样的：大约65万年前，一些外星人来到地球，设法使精力旺盛、智力较高的雌猿受孕，于是产生了人类的祖先。不久前在圣地亚哥发现了一具5万年前的头盖骨，它所代表的人种智力超过今天人类几千倍，据推测，这就是古时来地球的外星人。此外，安第斯山绝壁上的巨型图案，极有可能是外星人与地球猿结合的真实描绘。然而疑问依然存在，如果"外星人说"成立，那么，那些30万年前乃至200万年前的古人类化石又当如何解释？

人类的祖先到底是谁？虽然科学家各持己见，众说纷纭，但随着科学的不断进步与发展，相信在不久的将来，这个谜团将最终大白于天下。

人类祖先发源地之谜

　　根据部分考古学家最近的研究结果，人类很可能起源于亚洲大陆，而在此之前，很多专家认为，最早的类人猿祖先起源于非洲和阿拉伯地区的人类发源地。那么，人类的起源地到底在哪里呢，到底是在非洲还是亚洲？对此，专家学者依然是众说纷纭。

　　一、人类的发源地是东非

　　在今坦桑尼亚奥铎威峡谷一带，很久以前就发现了不少石器，它们和时代十分古老的动物化石并存。

　　1911年，一位名叫卡特温凯尔的德国生物学家在此采集昆虫标本时，发现了一些动物化石，引起了人们的关注。1931年，英国人类学家李基博士和他的夫人为寻找早期人类化石选择了奥铎威峡谷这个得天独厚的地方作为发掘基地。最初两年，他们找到了一些已灭绝了的动物化石和旧石器时代的粗糙石器，但一直未发现与这种文化相联系的"人"。直到1959年7月17日，李基夫妇经过长达30年的艰苦工作，才取得决定性的突破，发现了一具史前人类头骨，被命名为"东非人"。"东非人"的发现，几乎轰动了全世界。以后又有了一系列新的发现：1963年李基博士的长子乔纳森·李基在同一地层还发现了另外一具比"东非人"还要早的人类遗骨，其生存年代为185万年以前，被命名为"能人"。小李基于20世纪70年代初在其著作《起源论》和《湖上居民》中提出："能人"直接进化成"直立人"，成为智人和现代人的直系祖先。

　　其他一些人类学家以后又陆续发现了一些新的"能人"化石和足迹，生存年代大大超过了小李基的发现。如伯纳德·恩吉尼奥在肯尼亚的图尔卡纳湖畔发现了生存年代在290万年以前的"能人"化石。特别值得一提的是，20

世纪70年代初，在非洲的3次重大发现，像冲击波一样震撼着人类学领域，它们向长期以来普遍认为的人类起源地和进化理论提出了有力的挑战。

1970年12月，两位年轻的南非考古学者艾德安·博舍和彼得·博蒙特从地下洞穴中挖掘出了约30万件人工制品和烧黑了的兽类骨头，其中的许多动物早已绝迹。从一条积满灰烬的巷道里取出的木炭经考证，至少已有5万多年历史。一些石器和铺在地面上的赭石使人可以这样推断：这个大洞穴早在10万年前就曾有人居住过。这比北京的周口店洞穴和爪畦的洞穴要早得多。

20世纪70年代，理查德·利基等又在肯尼亚一个地层下面发现了属于280万年前的人的头盖骨和骨头。这些从肯尼亚东鲁道夫流域的沉积物中挖掘出来的骨头不仅在时间上接近300万年，而且在形状上和想象中的人类祖先的骨头相比较，更近似于现代人。这一重大的发现，有力地否定了原来的人类进化论学说——直立人的第一个灵长类动物大约是在100万年前才进化而成的，把这一学说的时间概念推前了近200万年。

1975年，玛丽·利基报道，在坦桑尼亚又发现了史前人的牙齿和颚骨，据考证，属于375万年前的人类遗骸，这比北京猿人和爪哇人就更早了几百万年。

1976年，在肯尼亚特卡纳湖东岸附近地区发现了一个相当完整的"直立人"头骨，测定年代为150万年以前。学者们都一致认为"直立人"为现代人的直接祖先。

因此，人类学家们在重大考古新发现的事实面前，不得不作出初步的结论：人类发展的起源是在非洲而不是在亚洲。

二、人类发源地是在亚洲吗

最近10年，一些考古学家在亚洲地区，尤其是南亚地区发现了3400～2300万年前的灵长目主要家族的化石。

在巴基斯坦，考古学家找到了好几十具灵长目主要家族中两个家族成员的化石。考古学家认为，这些家族当时生活在中国、缅甸和泰国之外的地区。通过这些研究，考古学家越来越感到类人猿祖先在亚洲，尤其是在南亚地区。

发现爪哇猿人和北京猿人后，人们因当时最早的人类化石绝大多数发现于亚洲，而亚洲也以现生猿类——猩猩和长臂猿为依据，所以人们更倾向于人类诞生在亚洲的说法。

1978年5月下旬，在瑞典召开的早期人类国际讨论会上，对人类起源的地点也有过争论。有人认为在非洲发现了比较完整的整个人类发展系统的化石，人类的起源应该在非洲。而主张亚洲起源说的人却认为，亚洲不仅也发现过同类型的化石，而且得到的化石更多，比较晚期的直立猿人的生存年代，要比在非洲发现的早得多……

由于在欧、亚、非都发现了腊玛古猿，它们的分布区域几乎和森林古猿一样广，因此，根据现有的材料，我们说：人类的祖先——古猿下地的事，可能发生在亚洲和欧洲南部以及非洲东部的温暖湿润地区，而古猿转变为人的过程，则可能发生在亚洲南部或非洲东部的温暖甚至炎热的地区。

至于其他各洲，不可能是人类的起源地。南极洲冰天雪地，当地最高等的动物是企鹅，连哺乳动物都没有，更谈不上古猿。澳洲也不曾是猿猴的故乡，当地最高等的动物只是有袋类（如袋鼠）等较低级的哺乳动物。美洲虽然在第三纪早期就有许多灵长类，而且与亚洲关系密切，但以后分歧就越来越大了。欧亚非大陆出现了狭鼻猴和猿类，美洲只出现阔鼻猴，却没有猿类，当然美洲也不会是人类的故乡了。

中国发现了丰富的古猿和古人类化石、腊玛古猿、早期猿人、晚期猿人、早期智人、晚期智人的发现，表明中国是人类起源和发展的重要地区之一。

人类的发源地在亚洲，只是代表了一部分考古人员的观点。而人类祖先的发源地，对于我们来说，依然是一个需要不断探索的未解之谜。

植物为什么在春天生长

　　植物在春天生长，似乎是天经地义的事情。如果问"植物为什么总在春天生长"，这似乎是个幼稚的问题，而这又是一个深奥的问题，就连专门从事植物生理学研究的科学家，都没有找到准确的答案。

　　植物在春天生长，人们首先会想到气温的作用。植物的生长是受外界环境影响的。气候变冷时，植物就进入了休眠阶段；春回日暖，它们就自然而然地开始新的生长。

　　气温对植物生长所起的作用是显而易见的，但如果进一步追问下去，为什么温度回升会引起植物的生长呢？长期以来，这一直是一个模糊不清的问题。

　　20世纪70年代，美国和澳大利亚的两位植物生理学家利奥波德、克里德曼通过研究指出，导致植物在春天生长的关键因素是长日照和低温的影响。秋末时，由于日照时间缩短，温带多年生植物体内就产生了高浓度的脱落酸，它能抑制脱氧核糖核酸合成核糖核酸，从而形成休眠芽。春天来临后，日照时间长，休眠芽中的叶原基受到刺激，使植物体内的脱落酸水平下降，赤霉素含量增加，一些能够打破休眠以及萌芽所必需的酶开始合成，抑制合成核糖核酸的作用也逐渐消除，从而促进了蛋白质的合成。另外，春季的低温作用会使植物的休眠芽或种子细胞的原生质的水合度增大，使其胶体状态发生改变，水解酶和氧化还原酶进入活动状态，促使有机物的转化和呼吸作用增强，于是植物就开始萌发。至于植物打破休眠所需的日照与温度条件正好与春季的自然条件相一致，这大概是植物在长期进化过程中所形成的一种主动适应。

　　进入20世纪80年代后，英国谢菲尔德大学的两位博士格兰姆和莫法斯，

△ 万物复苏的春天

在研究植物细胞遗传物质时发现，各种植物的细胞遗传物质有着巨大的差异，而这些差异又往往与它们生长的季节有联系。于是他们选择了162种植物，对它们细胞中的脱氧核糖核酸数量进行了仔细测量，并与这些植物的萌发时间做了对照，结果发现，春季发芽最早的那些植物，往往含有最大数量的遗传物质种类。

这两种有代表性的观点，哪一个更正确，还有待于科学家深入研究。

植物为什么在秋天落叶

植物为什么在秋天落叶？很久以来，科学家们认为这是植物内部养料供应有限的结果。由于外界气候条件的变化，大多数植物从秋天开始就减少了营养物质的吸收，这时叶子的存在不但无益，反而会加重植物的负担，于是叶子就不能再生存下去了。

很多实验都证明了这种想法是正确的。比如，在大豆开花的季节里，每天都把生长的花芽去掉，过了一段时间，与不去花芽的植株相比，去掉花芽大豆的叶子显著地推迟了脱落时间，由此可以得出这样的结论：植物为了减少营养物质的竞争，把叶子这位"功臣"当成了"牺牲品"。

然而，进一步的观察又使科研人员对上述结论产生了怀疑，许多植物叶片的衰老并不是发生在开花结果之前，而是在其后。比如，雌雄同株的菠菜的雄花刚开始形成时，叶子就已经开始枯萎了。

科研人员从实验中发现，增加光照可以延缓叶子的脱落，用红光照射效果更明显；如果缩短光照时间，则会促进落叶。由此可见，落叶大多发生在秋天，主要原因不在于湿度，而在于光。同时科研人员还发现，在叶片的衰老过程中，蛋白质含量显著下降，核糖核酸的含量也下降，叶片的光合作用能力降低，叶绿体遭到破坏。而这一系列变化过程，最终就导致了落叶的结果。对于叶子起关键作用的是一种化学物质，它的名字叫脱落酸。不管把脱落酸喷到哪种植物的叶片上，都能使其脱落。

研究到这里，植物落叶之谜已经揭开了大半，但留下的疑问还很多，等待着植物学家去探索。

叶绿素是植物特有的吗

　　植物世界呈现的生机勃勃的绿色，是由于植物含有叶绿素。植物的叶细胞中含有叶绿体，叶绿体中含有的一种独特而重要的绿色色素就是叶绿素，植物正是利用叶绿素来进行独特的光合作用。利用光能把吸收的二氧化碳与水化合成有机物，作为自身生长所需的养料贮存起来。

　　英国植物学博士格鲁斯瓦西通过对叶绿素进化过程的研究，进一步证实了这一观点。他认为，原始植物并没有叶绿素，它们是靠细胞视紫质进行光合作用的。由于这种色素专门吸收中等波长的绿色，所以原始植物不是绿色的，而是呈现除绿色外的其他颜色。这种光合作用不是靠吸收二氧化碳进行，而是靠吸收原始海底堆积的有机物。经过漫长的历史变迁，海底有机物不断减少，为了维持自身营养需要，原始植物逐渐进化出含有叶绿素的叶绿体。叶绿体主要吸收红光与蓝光，几乎不吸收绿光，所以植物才显示出绿色。

　　过去，人们一直以为叶绿素是植物所独有的。可是不久前，美国一个海洋研究所的斯道卡博士的发现，却使人们对叶绿素为植物所独有的观点提出了质疑。斯道卡博士发现，海洋中的一种动物型浮游生物纤毛虫，几乎有一半体内有叶绿素，并且利用叶绿素进行光合作用，制造供自己生存的有机物质。这一发现显然是对传统学说的一个挑战。不过，有许多问题斯道卡博士还没有搞清：纤毛虫体内的叶绿素是自身分泌的吗？如果是自身分泌的，为什么另一半纤毛虫体内并没有叶绿素，是摄食的海藻未完全消化而积存在体内的吗？如果是从海藻中获得的，为什么这些从外界摄入的叶绿素仍然会同在体内一样进行光合作用呢？这让科学家们困惑。而解决这一问题具有重大的意义。现在人们已经知道了叶绿素的构成成分，并能人工合成叶绿素。如

△ 叶绿素

果叶绿素会在动物体内存在并产生光合作用，那么家畜可以改变饲养方式，节约大量饲料，人类自身的饮食结构也将得到彻底的改变。我们盼望着这一科学幻想早日变成现实。

植物对人类的进化有影响吗

　　人类与植物之间在许多方面都存在着同源性。首先，人类与植物是由非常相似的元素组成，都属于生物类型的原子构型，都是通过腺苷三磷酸的形式来利用能量。另外，蛋白质的组成原理也完全相同，比如氨基酸是能够彼此通用的，核酸都是DNA和RNA，碱基的组成部分也一样。最典型的是，日本学者山本茂在对500多种高等植物的观察研究中，发现植物竟然也有类似人类的血型。植物与人类之间有着密切的关系，甚至可能从人体内部去影响人类的生理变化。但是它们在漫长的人类进化过程中，是否对人类的进化产生过影响呢？

　　中国医学科学院的卢伟成在研究中草药治疗疾病的原理时指出，人类和植物在进化的同源性上如果保持一致，就能够将植物对不良环境的适应能力转移给人类。例如，人类与植物共同生活在某一个地区，植物对这个地区的微生物产生了有效的杀菌物质，即产生了适应能力。而人类则没有这种能力。但是当人类食用了当地植物后，往往也具备了抵抗这种微生物的能力，这就是适应能力转移的表现。但是不少学者不同意这种观点，他们认为这所谓的转移，只是物质间的直接转移，一旦停止从外界摄入，人体适应环境的能力也会随之消失。也就是说，植物是不能对人类的进化产生真正的影响的。

　　美国纽约州立大学的欧文在研究人类左、右撇子机制时，发现了一个有趣的问题：左撇子具有较强的中枢活动敏感性，因此比右撇子更聪明。那么，根据优胜劣汰的规律，左撇子人数决不应少于右撇子人数，但是为什么具有明显优越性的左撇子却只占人类总数的10%呢？通过一系列实验，欧文作出这样的推断：现代人大多数是右撇子可能与植物有关。因为在很久以

△ 植物对人类的进化有影响吗

前，我们的祖先是以植物为食的，食物中常常会混入一些有毒植物，即含有与精神镇静剂相类似的化学物质的植物。由于右撇子对有毒物质的忍受力的抵抗力远远强于左撇子，因此才造成了今天左、右撇子的悬殊比例。所以欧文认为，植物的影响是人类进化历程中不可忽视的一个因素。

植物对人类的进化究竟有没有影响，抑或影响大小，都需要进一步研究证实。

动物也懂"计划生育"吗

计划生育并非人类的专利。有些高等动物在对自然环境适应的过程中，练就了"计划生育"的"祖传秘方"，把"计划生育"搞得"有声有色"，其"节育措施"达到了令人吃惊的地步。

一、神奇的依食而生

生活在瑞典南部的红狐，其数量受到它们的主要食物——野兔的多少所约束。当自然界中野兔数量明显减少时，红狐并不需要"背井离乡"到其他地方寻找食物，但它们也不会因为食物减少而被饿死，造成大批死亡。它们本能地懂得，在饥寒交迫的情况下，继续繁殖后代是不明智的，所以它们采取了积极的节育措施，每当这时，只有正常年景的一半的雄狐取得与雌狐交配的权利，来繁衍自己的后代。那些无缘享受"蜜月"的红狐，会自觉地散居在带有后代的狐穴旁边，而并不"争风吃醋"、"大打出手"。它们的这种"大局观念"使得这个物种的数量即使在灾年也不会受到很大的威胁。

栖息在埃及尼罗河两岸的非洲大象，也是典型的"现实主义者"。它们能根据当地食物的丰贫状况来决定多产还是少产。生物学家经过长期观察，发现一个十分有趣的现象：在尼罗河的一侧，树林茂盛，食物丰富，母象在这种"世外桃源"的环境下，每隔4年便可生育一胎；而河的另一侧，因气候条件恶劣，食物贫乏，母象在这种"穷山恶水"的环境下，每隔9年才产一仔，以降低"象口"密度，保持与食物的平衡。

二、奇妙的优生优育之道

貂、花斑臭鼬等啮齿动物，懂得如何实现优生优育。它们一般选择在夏秋之季交配，但是在交配后，受精卵并不会马上发育，反而能暂时"停止活动"，但也不马上附在子宫壁上，而是呈囊胚状态浮游于子宫内。等到寒冬过去，温度升高，食物丰富，生理上又充分做好了怀孕生产的准备后，貂和花斑臭鼬这才使囊胚附在子宫壁上发育成胎儿。这样，"小宝宝"生下后有一个优越的生长，发育环境，达到了优生优育的效果。

非洲羚羊同样具有类似的节制生育能力。雌羚羊一旦"阴差阳错"的在不适当的季节受孕，它们可把快要分娩的胎儿继续留置在腹中，用"过期妊娠"的办法，尽量推迟了分娩时间，等待着春暖花开、万物生长的季节到来时，再产下幼仔，以保证哺乳期间有足够的食物，使自己的后代不至于挨饿受冻。这种奇特的"晚生"本领惟羚羊独有，是一种绝妙的"计划生育"措施。

三、会自行流产的雌熊

大千世界，无独有偶。熊的生育观与貂等动物有点"英雄所见略同"。雌熊在夏天交配受精后，然后经过一夏一秋频繁猎食，在体内贮藏能量，为未来的"宝宝"积蓄尽可能多的能量。当天气转入冬季之时，雌熊开始冬眠，囊胚也开始发育，直到第二年春天醒来时，胚胎才会发育好，产下熊仔。整个怀孕期间，也是雌熊的冬眠时期，所以雌熊如果觉得身体状况不能支持到生产时期，那么它会在中途果断地自行流产，以免母子受苦受难。

与人类血缘相近的灵长类动物更加聪明，他们懂得如何通过吃"药"来实现怀孕，堕胎，避孕的效果。生活在巴西的一种雌性猴子，发育成熟以后，就会三五成群地在年龄较大的母猴带领下，专程翻山越岭去寻找一种叫猴尔树的果子吃。这种果子中含有一种类似助孕激素——黄体酮的物质，吃后极易怀孕。在非洲，黑猩猩如果不想生下腹中的小猩猩，就会吃当地人也吃的一种名叫"苄叶"的堕胎草来堕胎。而在产下小黑猩猩以后，一些黑猩猩会大量吃一种名"士英"的野生豆子。因为这种豆子富含丰富的雌激素而又有避孕作用。

　　生物学家认为，动物这种独特的生育节制本能，不但可使它们的出生率与外界自然环境保持着相对的平衡，而且对后代的繁衍和生存也极为有利，顺应了"适者生存"的自然规律，因此保证了它们的代代相传。

鸟类为何天生就有方向感

　　秋天到了，大雁开始南飞，到温暖的南方去过冬。飞过高山，飞过森林，飞过大海，飞到南方的栖息地。第二年春天它们又会按时飞回到北方。像大雁一样的候鸟还有很多种。它们的一生就在这种长距离的迁徙中度过。令人奇怪的是，鸟类长距离迁徙飞行为什么不会迷失方向呢？最新一项研究显示，鸟类能够看见地球的磁场，所以长距离的飞行也不会迷失方向。

　　鸟的眼睛内有具备观测磁场和光线能力的细胞。鸟类观测磁场的方式与它们观测树木、岩石和其他常见物体的方法大体相同。一种观点认为，飞行的鸟类将磁场叠置在下面的地形上，就如同现代战斗机上安装的平视显示器一样，这样鸟类就可以凭借磁场远距离飞行而不会迷失方向。

　　鸟类主要在白天飞行，因为白天有大量明显的导航标记，比如太阳、路标和海岸线。然而，像知更鸟、画眉、莺等许多小鸣禽为了躲避捕食者或者避免体温过高则主要在夜间迁徙。那么它们靠什么导航呢，磁场吗？

　　为了证明这一观点，德国奥尔登堡大学动物导航组织的亨里克·穆里特森教授在研究中将向北迁徙的画眉暴露于强大的磁场中，首次证明了磁场的重要性。他们将人造磁场按照地球常规的磁场方向旋转90度，接着把关在笼子里的画眉放了出来，结果所有的画眉都会向西而不是向北的方向飞行。

　　那么，鸟眼如何感知磁场呢？穆里特森将几只莺关在笼子里，等到莺感到焦躁不安时，打开了笼子，但并没有将它们放走，而是把它们杀死了。分析死后莺眼后面视网膜中的细胞，结果发现了称为叶红素群的蛋白质。这种叶红素群对磁场高度敏感，如果磁场发生变化，这种蛋白质的结构会相应出现稍微的改变。而这一过程使得鸟类可以对地面建立一张地磁图，这张图也就起到了导航的作用。

△ 大雁南飞

　　该研究结果表明，鸟类有可能把磁场当做较暗和较亮的阴影或颜色，一旦它们看到地面，就会把这些阴影或者颜色叠置起来。然而，即便如此，也只是解决了有关鸟类迁徙的其中一个疑问，还有其他许多问题有待解答。比如，我们仍不清楚为什么许多鸟类具有完全不同的导航系统。而海鸟好像就不具备探测磁场的能力。科学家在去年所做的一次题为"波动的信天翁可以用它们头上的强磁体进行导航"的实验中，就已经发现这种海鸟并不受磁场的影响。

乌鸦的"高智商"从何而来

制造和利用工具是人类区别于其他动物的重要特征，然而最近英国的一项科学研究却发现，在这一点上人类其实并不孤单，新苏格兰乌鸦天生就具有一种制造和使用工具的能力，它们的这种智慧并非是通过模仿人类才学习到的，而根本就是与生俱来的一种本能。

乌鸦这种"高智商"的鸟类一直都是科学家们热衷的研究对象。相对于它们小小的身躯来说，乌鸦的脑非常发达，它们善于揣测别人的意图，智商甚至不亚于大猩猩等灵长类动物。英国牛津大学科学家亚历克斯·卡赛尔尼克和同事们在与外界隔绝的状态下喂养了4只乌鸦，他们发现，即使不教它们类似的本领，乌鸦也能够利用小树枝来制造和使用工具。

卡赛尔尼克在最新一期的《自然》杂志上发表文章说："我们发现人工喂养的幼年新苏格兰乌鸦天生就会制造和使用工具，并不需要事先向自己的'长辈'请教或者模仿人类的类似示范。"这些乌鸦起初在人工制造的巢穴中长大，然后再转入大型的鸟舍，鸟舍中有各种各样的碎树枝以及藏在岩石裂缝中的食物。

在喂养的过程中，人们给其中两只乌鸦演示如何从狭小的空间中利用树枝取食，另外两只则不给演示。结果被放入鸟舍后，4只乌鸦都显示出了利用树枝作为工具的能力。尽管有两只乌鸦事先"学习"了人类使用工具的样子，但是科学家们并未发现这4只乌鸦在使用工具的技术方面有任何不同之处。卡赛尔尼克认为，根据这些发现可以推测出，成年野乌鸦所表现出来的一些高级技能很可能都是与生俱来的，而并非通过种群的社会化或与人类的接触才获得的。

此前的一些研究也发现，新苏格兰乌鸦为了寻找食物会制造一些"灵巧实用"的工具，比如用小树枝制造的钩子把小虫从树洞中钩出来，它们还会用喙小心地把硬树叶雕刻成尖利的工具，在乱叶堆中翻找昆虫等。英国鸟类学家杰姬·钱伯尔说，在野生动物中，这种制造并使用复杂工具的能力是非常罕见的。有趣的是，一些科学家还发现，不同种的新苏格兰乌鸦制造出的工具也有所不同，因此科学家们认为乌鸦已经具备了一定的文化形态。

由于乌鸦具有"超常"智慧，实验心理学家们一直以来非常热衷于研究它们。另外两位英国科学家曾在《科学》杂志发表过一篇研究报告，认为乌鸦的感知能力非常高，即使与黑猩猩、大猩猩等灵长类动物相比，也是毫不逊色的。报告的作者、英国剑桥大学动物行为与实验心理学家埃米利和克莱顿还指出，动物变得越来越聪明并不是一种生理上的需要，而是一种社会需要。群体生活非常复杂，为了优化个体并适应生存环境，动物们就需要"揣测"甚至"预测"将要发生的事情。

埃米利和克莱顿通过对西方乌鸦的研究发现，乌鸦也是一种社会化的动物。比如，如果有些乌鸦发现其他鸟把食物藏在某个地方，它们就会去偷；由于掌握了偷食的经验，有些乌鸦还学会了防盗，在自己储存食物时总是小心掩盖以防其他动物发现；还有个别的"惯偷儿"会运用自己作小偷的经验，去揣摩其他小偷的行为，然后找到最安全方法来保护自己偷来的食物，具体表现为，如果一个"惯偷儿"在掩藏食物时被别的鸟看到了，它就会"抽空儿"秘密返回掩藏地点，偷偷地把食物转移了。科学家认为，这些现象都说明乌鸦能猜测同类的意图，可能具有想象力。

旅鼠为何要集体投海

　　旅鼠是一种极普通、可爱的小动物，常年居住在北极，比普通老鼠要小一些。爱斯基摩人称其为来自天空的动物，而斯堪的纳维亚的农民则直接称之为"天鼠"。这是因为，在特定的年头，它们的数量会大增，就像是天兵天将，突然而至似的。

　　旅鼠的大量繁殖，必然会给当地的植物和农作物带来灾难，成为人们的心头大患，人们就会想办法捕灭它们。但是如果它们集体投海自杀，那对苦恼的人们来说真是一件大好事。可是很显然，旅鼠自然不是为了解决人们的苦恼而选择集体自杀的，那么它们自杀的原因到底是什么呢?

　　1985年春天，栖息在北欧挪威山区的旅鼠迅速地繁殖，成千上万的旅鼠啃光了草地上的草根，吃净了森林里的树皮，地里的庄稼更是被祸害得一片狼藉，造成了严重的鼠灾。

　　然而，刚进入4月，成群结队的旅鼠便离开了它们的出生地，浩浩荡荡地向西奔去。它们在到达挪威海和北海海岸以后，并没有停止前进，前后相连地投入大海，在海洋中游水至体力耗尽，然后溺死水中。

　　这种令人不解的怪现象，早在1886年春天就被人注意到了。当时，一艘满载旅客的邮船驶到挪威海岸附近，旅客们看到无数旅鼠从岸上投入海中，奋力向西方游去。即使游在前面的死去了，后面的仍继续前进。事后，这一带海面漂浮着大片的旅鼠尸体。

　　大约从那个时候起，人们注意到每隔三四年，生活在北欧的旅鼠就会不约而同地来到挪威海和北海岸边，投海而死。人们在巴伦支海和北冰洋一带的海边，也不时看到旅鼠集体投海自杀的怪现象。

　　旅鼠是生活在北欧寒冷地区的鼠类，它与一般田鼠差不多，尾略短；毛

△ 旅鼠

黑褐色，有白斑；繁殖能力很强，雌鼠每年至少可生10只小鼠，小鼠在6周之后又进入繁殖期。

旅鼠为什么会选择集体自杀？这是当地人始终迷惑不解的一个问题。一百多年来，许多学者对这一自然现象进行了研究，然而，直到今天，仍然没有得出一个令人信服的解释。

有人认为，旅鼠集体投海自杀，可能与它们旺盛的繁殖能力有关。由于繁殖能力太强，旅鼠过多，就会得不到充足的食物和生存空间，一部分旅鼠只好迁移他乡。在数万年前，挪威海和北海都比现在狭窄，那时候，旅鼠完全可以游过大海到达彼岸，建立新的栖息点。这样长此以往，挪威旅鼠便形成了集体大迁移的本能，代代相传。然而时过境迁，今日的挪威海和北海海面均比过去宽阔了许多，挪威旅鼠大迁移的本能却仍然保留着，于是转移求生因环境的变化变成了投海而死。

但是，有人认为这一说法不能完全解释旅鼠的行为。例如，有人注意到，某些时候旅鼠也向北迁移，投入巴伦支海和北冰洋。如果按照前面的说法，那说明许多年前在巴伦支海的北面和北冰洋中也曾经有过陆地，否则，旅鼠不会向北迁移。然而事实并非如此。

与这种说法比较相似的，是美国科学家提出的营养恢复学说。他们认为，当鼠类数量达到高峰时，植被因遭到过度啃食而被破坏，食物不足、条件恶化，于是它们只好留下少数繁衍后代，其他便统统自杀。在地球上，有意识地去自杀的动物极少。人算一种，旅鼠算一种，还有一种是北极狐狸。

不久前，俄国的一些学者对此提出了新的解释。他们认为，在1万多年前，地球正处于寒冷的冰期，北冰洋上的浮冰冻成了厚厚的大冰原，南来的风把西伯利亚和北非的大量沙土带到了冰原上，在冰面上沉积了厚达数米的沙土层。于是，每逢夏季，冰原上一片生机，猛犸、北极牦牛、北极羚羊等适于在寒冷气候中生活的动物随处可见，旅鼠也可能来这块冰原上栖息。后来，由于气候变暖，巨大的冰原逐渐崩解消失。据此，他们认为，向北跳入巴伦支海和北冰洋的旅鼠，正是为了寻找当年曾经存在过的冰原。

另有一些学者则认为，上述俄国学者的理论有些牵强附会，缺乏充足的证据，不能令人信服。这些学者认为，旅鼠集体投海自杀，就像屡有发生的鲸类自杀一样，可能与一种目前尚不明了的纯生物学机制有关，与北极冰原是否存在过毫无关系。

究竟旅鼠们是出于什么原因选择集体投海自杀的，这个谜还有待科学家们去做更多的研究，来为我们揭开。

海龟为什么要回乡产卵

动物学家通过研究海龟，发现这种动物有一个奇怪的特性，它们往往一开始学会游泳就出海离开出生地，游向遥远的地方，但无论出海多远，总要千里迢迢回到故乡产卵，产后又背井离乡远游。

科学工作者曾经观察到哥斯达黎加海滨成千上万只海龟登岸筑巢集体产卵的宏大场面。生物如何定位及返乡，是科学界一大研究方向，海龟凭借什么能远航千里回到故乡？

对此，专家们作出了许多种猜想，主要归纳为以下几种：

第一种说法认为：海龟有自己的"罗盘"，这使它们有着神奇的定位能力。

第二种说法认为：海龟有惊人的记忆力，它们不仅能记住自己不断前进的路线，而且当它们来到这个世界时，会将出生地深印在脑海的第一印象中。

第三种说法认为：海龟有非常敏锐的嗅觉，能根据气味回到自己的出生地。

以上三种可能的原因都只是假说，至于哪一种是真实的原因目前还没有定论。此外，海龟为什么一定要回故乡产卵呢？这个问题也一直令科学家们费解。

龟的寿命究竟有多长

乌龟已经在地球上生存了几万年，和恐龙是同时期的动物。因此，人们常常用龟来形容长寿，它代表了人们希望长生的愿望。可以说，龟是动物世界里最长寿的"寿星"。那么，龟的寿命到底有多长呢？

根据报道，一位西班牙海员曾经捕到一只海龟，长达2米，重300千克，有关专家说它已经活了250年了。另外一位韩国渔民在沿海抓到过一只海龟，长1.5米，重90千克，背甲上附着很多牡蛎和苔藓，估计寿命为700岁。它可以说是龟类家族的"老寿星"了。

如果说这只是估计的岁数，还不能精确反映龟的实际寿命。那么，有记录可查的例子同样很多。

1971年，人们在长江里捕获过一只大头龟，它的背甲上刻有"道光二十年"（1840年）字样，这分明是记事用的。这一年，中国发生了鸦片战争。也就是说，从刻字的那年算起，到捕获的时候为止，这只龟至少已经活了132年了。它的标本至今还保存在上海自然博物馆里。

另外还有一只龟，据说经过7代人的饲养，一直到抗日战争的时候才中断，它的饲养时间足足有300年左右。

1737年，有人在印度的查弋斯群岛捕到过一只象龟。当时，科学家鉴定它的年龄是100岁左右。后来，它被送到了英国，在一个动物爱好者的家里生活了很长时间，最后被送到伦敦动物园。到20世纪20年代，它就活了将近300年了。

1983年，在中国人民革命军事博物馆曾展出过一只海龟，有120千克重，在展出的时候，它还生了30个蛋呢。经专家鉴定，这只海龟已经活了300年。

1984年，在中国河南省南阳市展出一只乌龟，体重194千克，据科学家研

△ 象龟

究测定，龟龄已达1050岁。此龟的四足已变成了翅膀状，游泳速度极快。

龟虽然是动物世界中的"长寿冠军"，但在龟类王国里，不同种类的龟，它们的寿命也是长短差异很大的。有的龟能活100岁以上，有的龟只能活15年左右。即使是一些长寿的龟种，事实上也不可能个个都长命。因为从它们诞生的那天起，疾病和敌害就时刻威胁着它们。另外，海洋环境污染和人类的过量捕杀，也在时刻危害它们的生命。

人们虽然知道龟是长寿动物，但对龟的长寿原因却说法不一。

有的科学家认为，龟的寿命与龟的个子大小有关。个头儿大的龟寿命就长，个头小的龟寿命就短。有记录可查的长寿龟，像海龟和象龟都是龟类家族的大个子。但我国上海自然博物馆的动物学家不同意这个观点，因为前边提到过的那只大头龟的个头就不大，可它至少已经活了132年了，这又怎么解释呢？

有些动物学家和养龟专家认为，吃素的龟要比吃肉或杂食的龟寿命长。比如，生活在太平洋和印度洋热带岛屿上的象龟，是世界上最大的陆生龟，它们以青草、野果和仙人掌为食，所以寿命特别长，可以活到300岁，是大家公认的长寿龟。但另一些龟类研究人员却认为不一定。比如以蛇、鱼、蠕虫为食的大头龟和一些杂食性的龟，寿命也有很长的。

最近，一些科学家还从细胞学、解剖学、生理学等方面去研究龟的长寿秘密。有的生物学家选了一组寿命较长的龟和另一组寿命不太长的普通龟作为对比实验材料。研究结果表明，一组寿命较长的龟细胞繁殖代数普遍较多。这就说明，龟的细胞繁殖代数多少，跟龟的寿命长短有密切关系。

有的动物解剖学家和医学家还检查了龟的心脏，他们把龟的心脏取出来之后，竟然还能跳动整整两天，这说明龟的心脏机能较强，跟龟的寿命长也有直接关系。

有的科学家认为，龟有与众不同的身体结构和生理机能。乌龟有一副坚硬的甲壳，使其头、腹、四肢和尾都能得到很好的保护，以免受外界的伤害。同时，乌龟还有嗜睡的习性，一年要睡上10个月左右，既要冬眠又要夏眠，这样，新陈代谢就显得更为缓慢，能量消耗极少。这才是龟长寿的原因。

还有的科学家认为，龟的长寿与它的呼吸方式也有关系。龟因没有肋间肌，所以呼吸时，必须用口腔下方一上一下地运动，才能将空气吸入口腔，并压送至肺部。还由于它在呼吸时，头、足一伸一缩，肺也就一张一吸，这种特殊的呼吸动作，也是龟得以长寿的原因。

总之，科学家们从不同角度探索和研究龟的长寿原因，得出的结果也不一样，至于究竟是什么原因，还需要进一步研究。但不管怎么说，龟类是一种用来研究人类长寿的极好的动物模型，因此，进一步揭开龟长寿的奥秘，对研究人类的健康长寿将有很大的启示。

蚂蚁为何能吃掉一支部队

　　小小的蚂蚁是自然界中最不起眼的动物。然而谁又能想到，蚂蚁竟能消灭了一支德国的精锐武装部队。

　　在第二次世界大战期间，法西斯德国为挽回败局做垂死挣扎，特派一支精锐部队长途跋涉，迂回穿越原始丛林，直插入英军后方。岂料，一场毁灭性的灾难蓦然降临到这支部队头上。

　　德军指挥官希姆是希特勒的狂热崇拜者，在作好各种准备工作后，他率领精心挑选的1800名士兵，踏入原始丛林。3天来，有几十名士兵因受毒蛇、野兽的袭击而伤亡，但并无太大的损失。

　　令希姆万万没有想到的是，此时一支庞大的蚂蚁大军正向他们逼近。位于部队宿营地左翼负责警戒的士兵突然发出痛苦的号叫声，正在休息的希姆从睡梦中惊醒，他很快听到几十、上百名士兵同时发出的厉声嘶嚎。

　　难道是敌军打过来了？希姆正在猜测着发生了什么情况，传令兵飞奔而来，一只手哆嗦着指向身后。

　　希姆顺着方向看去，丛林的地面上铺满了厚厚的一层黑褐色蚂蚁，黑压压一片，望不到尽头。蚁群潮水般地向前推进，距希姆只有七八米远。希姆还没来得及跑开，蚁群就铺天盖地地爬满了他全身，在一声又一声凄厉的惨叫声中，希姆跌倒在蚁群里，转眼间，被蚁群吞没了。

　　蚁群仿佛在铺设一幅巨大无边的地毯。伴随着恐怖的声响，漫无边际地汹涌而来，在无数的尖叫声中，军士们四散而逃。湖面近在咫尺，他们不顾一切地跳进湖水中。随即，湖面四周铺满了蚁群。少量蚂蚁试探着爬到湖面，但是不一会儿便沉到湖中不见了。

　　逃入水中的军士们在齐胸的湖水中停步，环视着湖边的蚁群，突然明白，原来这凶猛的蚁群是怕水的。这使他们暂时摆脱了生命危险。在浩浩荡荡无边无际的蚂蚁王国中，仅仅存留着的几百名士兵在无望中做着最后的挣扎。几名特种兵手持火焰喷射器，对准身边的蚁群疯狂地喷射着。上百万只蚂蚁被大火烧成粉末，浓烈扑鼻的气味使百米之外的军士们感到恶心。一名中尉带领着其他几名特种兵以火焰开路，穿越蚁群向湖水这边跑来，随之跳入湖中。这时，更多的蚁群蜂拥而至，在湖边与僵持着的同类会合。

群蚁在湖边越聚越多。转瞬间，湖面四周就突然出现了上千个大大小小的蚁团，它们相继滚下湖面，滚动着向前漂移。很快，湖面上布满了难以计数的黑褐色的蚁团，蚁团抱得很紧，最外缘的蚂蚁不时掉队，葬身湖中。但是，蚁团仍一如既往地朝着军士们移来。此刻，士兵们被巨大的恐怖感所困扰，他们曾经听说过非洲食人蚁的残暴，现在亲眼目睹了。蚁群井然有序、奋不顾身地以蚁团的方式进入湖中，使他们心惊胆战。

有士兵大声喊道："烧死它们，快烧死它们！"几名特种兵强打起精神，哆嗦着手持火焰喷射器，对准离得最近的蚁团喷吐着火焰。熊熊火焰冲天而起，蚁团在燃烧，几十个、上百个蚁团被火焰吞噬。然而，蚁群实在是太庞大了，对于整个蚁群而言，这点损失简直微乎其微。一簇又一簇的蚂蚁又在湖边集聚，前仆后继，源源不绝的蚁团纷纷滚下湖面，顽强不屈地向前漂移。

此时，火焰喷射器已无火可喷了，在顽强凶猛的蚁团面前，军士们已经无计可施。大大小小的蚁团很快拥上人的身体，带毒刺的蚁腭凶狠地咬入人的手臂、胸部、颈部、面颊。蚁毒注入人的躯体内。士兵们相继死亡。

一会儿以后，一片寂静。有的士兵沉入湖底，几名特种兵也不知去向。

在预定时间，该部的上级指挥机关没有收到任何信号，大惑不解，便派出一个搜索小组深入丛林中搜寻。他们终于在一个不知名的湖边看到了令人毛骨悚然的场景。湖面以西大约三四平方千米的地面上，触目可见一副副骷髅架，有的完整，有的散落。不仅皮肉无存，而且衣物等有纤维、蛋白质的物品也一无所剩。骨架附近，武器、手表、金属纽扣、眼镜等物品则完好无损。经搜集，他们找到了共计1764具骷髅。这支部队出发时1801人，还有37

△ 食人蚁

人下落不明。在现场，他们还搜集到部分体形巨大的蚁尸。

德国人终于明白了事情的真相。原来这支精锐部队毁灭于非洲黑刺大腭蚁。这种蚂蚁大如拇指，通常生活在中北非洲，每隔两三百年有一次集团性大爆发。数以亿计的蚂蚁聚集成群，浩浩荡荡地朝着一个方向作长途迁徙，疯狂地吞食一切可食之物。

这事件对于全人类来说都相当震惊。同时，也有一些疑团始终令科学家们无法解答。这么庞大的蚁群，平时聚集在何处？在什么情况下才会突然聚集在一起呢？